F. Zell, Richard
Gene

e

Der Seekadet - komische Oper in 3 Akten

F. Zell, Richard
Gene

e

Der Seekadet - komische Oper in 3 Akten

ISBN/EAN: 9783744672313

Hergestellt in Europa, USA, Kanada, Australien, Japan

Cover: Foto ©Thomas Meinert / pixelio.de

Weitere Bücher finden Sie auf **www.hansebooks.com**

DER

Seekadet

Komische Oper in 3 Acten von F. Zell

Musik von

Richard Genée.

Alle Aufführungsrechte vorbehalten.

Klavierauszug für Gesang und Piano

Eigenthum der Verleger für alle Länder.   16 Mai Vorbehalt aller Arrangements.

Wien, C. A. Spina.   Hamburg Aug. Cranz.

VERLAGS und KUNSTHANDLUNG
(ALWIN CRANZ)

London, Brit. Sta. Hall
depose

Jos. Eberle & Co.

DER SEEKADET.

I. ACT.

Richard Genée.

Largo. **Einleitung.**

PIANO.

F. S. 24229.

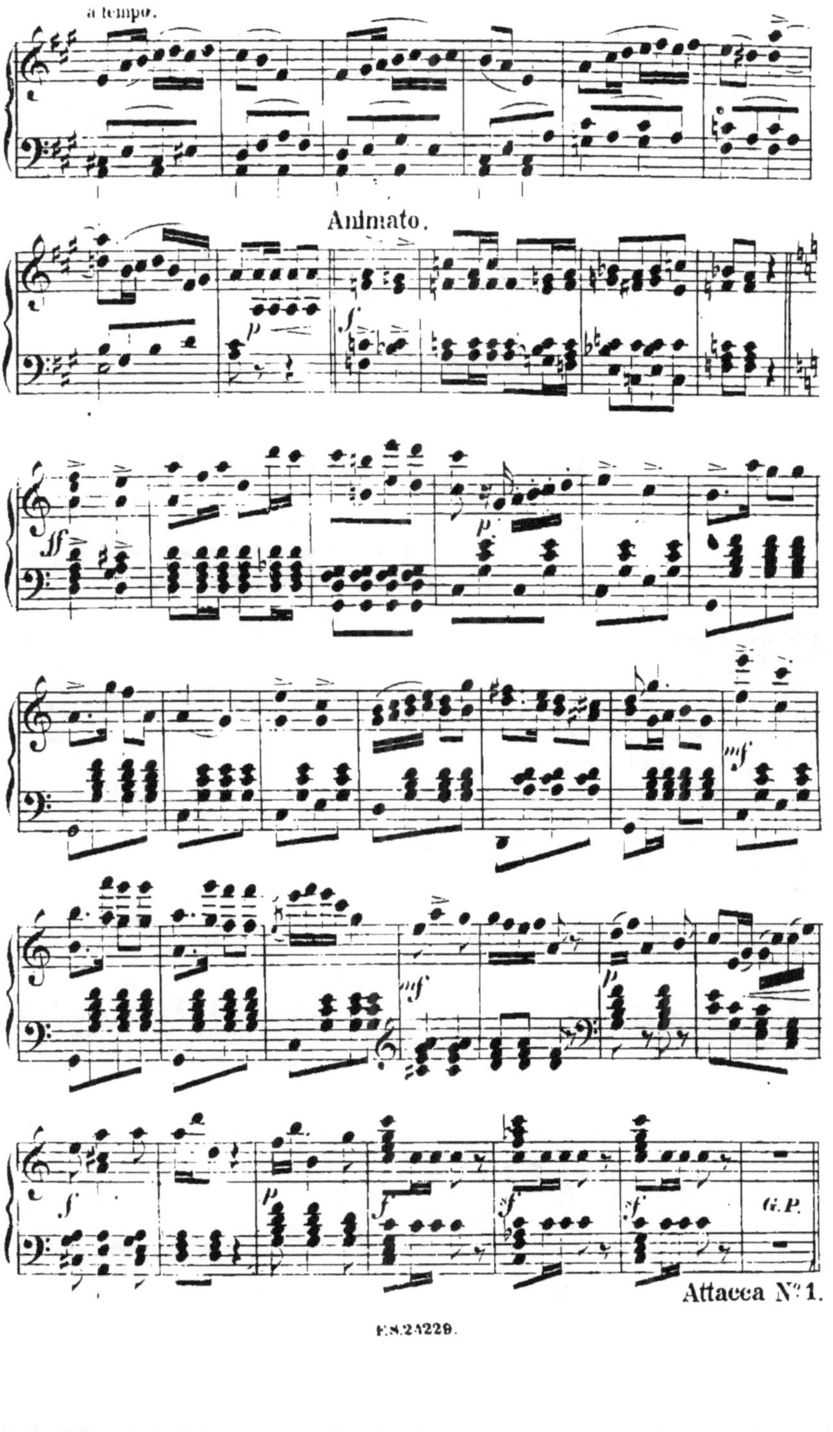
a tempo.
Animato.
p
f
ff
mf
G.P.
Attacca N° 1.

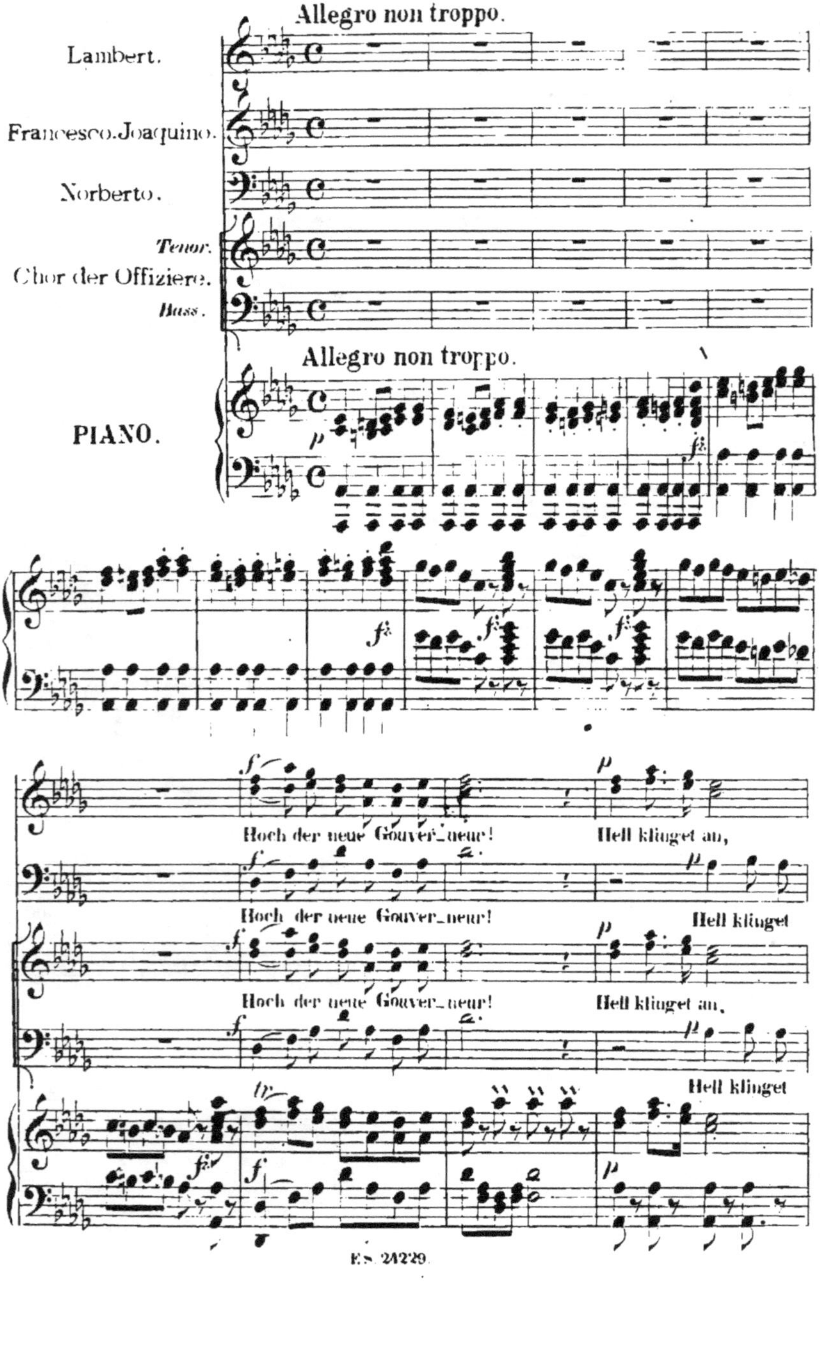

schnell trinket dann die Glä_ser leer zu seiner Ehr! Hoch der neu_e Gouver_

an, schnell trinkt die Glä_ser leer zu seiner Ehr! Hoch der neue Gouver_

schnell trin_ket dann die Glä_ser leer zu seiner Ehr! Hoch der neue Gouver_

an, schnell trinkt die Glä_ser leer zu seiner Ehr! Hoch der neue Gouver_

neur, schenkt ein, trinkt aus___ zu seiner Ehr, schenkt ein trinkt

neur, schenkt ein, trinkt aus___ zu seiner Ehr, schenkt ein trinkt

neur, schenkt ein, trinkt aus___ zu seiner Ehr, schenkt ein trinkt

Francesco.
aus zu seiner Ehr! Ob er auch glän_zend
aus zu seiner Ehr!
aus zu seiner Ehr!
p
a _ van_cirt, er blieb uns wa_ckrer Ka_me_rad!
f
Ja!
f
Joaquino.
Ihm sei von Her_zen gra_tu_lirt, denn er ver_dient es
p

in der That!

Ich bin von sei-nem Glück ge-rührt, sein

Ja!

Port-wein ist ganz de-li-cat!

molto cres.

Ehr, schenkt ein, trinkt aus _____ zu seiner Ehr!

Ehr, schenkt ein, trinkt aus _____ zu seiner Ehr!

Domingos.

Wie sie ihn Al_te ju_belnd be_sin_gen! Die_ser Lam_

ber _ to kann's weit noch brin_gen! Ja, ja, des Wei_ber _ro_ckes Pro_tec_

tion be_wirkte wah_re Wun_der schön. Was mir, trotz Stammbaum

und Ge_nie nach Jah_ren mö_glich kaum_____, hat die_ser Mensch, man

weiss nicht, wie? so Eins, Zwei, Drei, im Traum. Und da soll man noch gratu_

lir'n, soll freundlich sich ge_berden, man könnte den Verstand ver_ *ad libit.*

lirin! Man könnte ra_send wer_den. Ja die_ser neu_e

a tempo. (zu den **Offizieren**)

Stern scheint All____ zu blenden sie! Was sagt Ihr, mei_ne Herrn zu

solchem Parvenü?

Was wir sagen? Hoch __ der neu_e Gouver_

Was wir sagen?

neur. schenkt ein. trinkt aus____ zu seiner Ehr. schenkt ein, trinkt aus ———— zu seiner Ehr.

(Lambert tritt auf.)

Un poco meno mosso.

ff
dbecres.

Lambert.

Nehmt Fremde meinen Dank für Eure Wünsche treu gemeint;

auch in dem neu . en Rang ___ bleib' ich Euch

Kame_rad und Freund!
Francesco. Joaquin.
Norberto.
Hoch unser Freund und Ka _ me _ rad! Sein Portwein ist ganz de_li_
Hoch unser Freund und Ka _ me _ rad!
cat!
Un poco meno mosso.
Lambert.
Domingos.
Auch Don Do_min_gos kam zu mir? Welch be _ son _ dre Ehr! Wohl schwerlich
Un poco meno mosso.
sä _ he man mich hier, wenn der Dienst nicht wär? Doch dem Ma_ri _ ne-Gouverneur gebührt, so

f
will's das Reglíment dass er dies Enterbeil von mir nunmehr per_sönlich hier empfang: so
will's das Reglement,
ff
so will's das Reglement, so will's das Re_gle_
p
ment!
Vas_co de Ga_ma, Albuquerque, Pache_co
(ironisch)
schwangen es im Kampf für Portugal.
Auch Eu_re Hand wird es gewiss er_

poco rall.

hal_ten hübsch blank und rein in je_dem Fall!

Lambert. (mit Noblesse)

Der Kö_ni_gin und Por_tu_gal ist die_ser

Arm ge_weiht! Für sie bin Blut und Le_ben ich zu o_pfern stets be_

reit! Ja_____! Por_tu_gal bleibt die_ser

Der Kö_ni_gin und Por_tu_gal bleibt die_ser

Der Kö_ni_gin und Por_tu_gal bleibt un_ser

rall.

Arm geweiht! Für sie bin Blut und Le _ ben ich zu opfern stets Le _

Arm geweiht! Für sie bin Blut und Le _ ben ich zu opfern stets be _

Arm geweiht! Für sie bin Blut und Le _ ben ich zu opfern stets be _

rall.

Arm geweiht! Für sie sind Blut und Le _ ben all zu opfern wir be _

ff rall.

reit!

reit!

reit!

reit!

a tempo.

ff

p

Wenn mir Fortu_na lä_chelnd den Weg mit Ro_sen streut, so

bitt ich, theu_re Freun_de, hegt___ deshalb kei_nen Neid! Ach mein Ver_

dienst ist heut noch klein ich fühl' es, es ist wahr; drum darf ich

stolz da_rauf nicht sein, bleib' Freund Euch immer_dar___ Der

Kö_ni_gin und Por_tu_gal bleibt die_ser Arm geweiht! Für sie sind Blut und

Le_ben all' zu opfern wir be_reit, ja ____!

Der Kö_ni_gin und

Por_tu_gal bleibt die_ser Arm ge_weiht, für sie sind Blut und

Por_tu_gal bleibt die_ser Arm ge_weiht, für sie sind Blut und

rall. *a tempo.*

Le_ben all zu opfern wir be_reit!

Le_ben all zu opfern wir be_reit!

a tempo.

rall.

№ 2. Duettino.

Allegro non troppo.
Marie.
Lambert.
Allegro non troppo.
PIANO.
pp
p
pp
Dialog.
ff
fz
p
cres.
Ich seh dich wie_der, ich bin bei Dir: an
Ich seh dich wie_der, ich bin bei Dir: an
Deinem Herzen, wie wohl ist mir, an Dei_nem Her_zen, wie wohl ist
Deinem Herzen, wie wohl ist mir,
mf an Dei_nem Her_zen, wie wohl ist
mf
poco rall.

a tempo.
mir! Hier geb' ich Kron und Macht da_hin, ver_ges_se dass ich
mir!
a tempo.
Kö_ni_gin!
Giebst du auch Kron und Macht dahin, mir bleibst du immer
Ich seh dich wie_der, ich bin bei Dir, an Dei_nem Her_zen, wie
Kö_ni_gin! Ich seh dich wie_der, ich bin bei Dir, an Dei_nem Her_zen, wie

wohl ist mir an del _ nem Her _ zen, wie wohl ist mir,

wohl ist mir an del _ nem Her _ zen, wie wohl ist mir, Sich

Lambert.

so ge _ liebt zu wissen, ach, und dies süs _ se Glück vor jedem Spälerblick ver _

bor _ gen zu ge _ nies _ sen, ist Him _ mels see _ lig _ keit. Doch _

Marie.

_ birgt die Lust auch Leid: dies un _ ge _ still _ te Seh _ nen

appassionato.
Lambert.
das ich ber - ge kann, lässt mich dich treu - los wäh - nen. Ich
decres.
rall.
a tempo.
treu - los? Dir treu - los Welch ein Traum
a tempo.
Ich seh Dich wieder, ich bin bei Dir. An Deinem Herzen, wie wohl ist mir an
dei - nem Her - zen, wie wohl ist mir!
Ich seh Dich wieder, ich bin bei Dir. An Deinem Herzen, wie wohl ist mir
an dei - nem Her - zen, wie wohl ist mir!
cres.
rall.

№ 3. Walzer-Rondo.

Un poco moderato.

Marie.

dol.

O lie - ber Freund, ich bit - te, schmäh

PIANO.

p

Walzer tempo.

nicht die Lan - des - sit - tel Schmäh' die Lar - ve mir nicht, deckt sie auch das Ge -

p

sicht, lässt sie doch da - bei Ohr und Au - gen frei; man kann Al - les ver -

stehn und wird selbst nicht ge - sehn, o wie ist das oft so schön die

Lar _ ve schützt uns, dassman er_kannt nicht wird; die Lar _ ve nützt uns:
man spricht ganz un_ge_nirt, und bleibt da_bei, wie ist das sub_lim,
immer a_no_nym a_no_nym a_no_nym. Ach un_ser Antlitz ver_
räht uns leicht, wenn es er_rö_thet, wenn es er_bleicht doch un_ter
rall.

die - ser Hülle dicht ver-ra - - then wir so leicht uns nicht!

Ah ... rallent.

f Cadenza.

...! Schmäh' die Lar-ve mir nicht, deckt sie auch das Ge - sicht, lässt sie

doch da-bei Ohr und Au-gen frei; man kann al-les er-späh'n und wird cres.

selbst nicht ge-seh'n, ach wie ist das oft so schön ...!

poco riten.

Ihr Män _ ner braucht die Lar _ ve

a tempo. nicht, Ihr trägt ei _ ne Mas _ ke stets vor dem Ge _ sicht. Ihr schwört der

poco meno.

Schwar _ zen ew' _ ge Treu und den _ ket schon zärt _ lich der Blon _ den da _

bei; Uns Frau _ en dient die Lar _ ve nur zu Lä _ cheln

un - be - merkt wenn un - ter Lie - bes - wort und Schwur
Treu - lo - sig - keit Ihr bergt. Schmäh die Lar - ve drum nicht, deckt sie
p
auch das Ge - sicht, lässt sie doch da - bei Ohr und Au - gen frei
molto cres.
ff
p
man kann
f
molto cres.
ff

Al_les er_spähn und wird selbst nicht ge_sehn, o wie ist das oft____ so schön o wie ist das su_blim, man bleibt stets a no nym, ach____ wie schön!

№ 4. Auftrittslied.

Mel-de mich, elender Sclave, Knecht! Mel-de mich oder es geht dir schlecht!

Hast das gehört, Moncher? Capirst du gar so schwer? Melde mich, melde mich, mel -

de mich!

Allegretto.

Je suis Fanchette, Fan _ chette, Fanchette, Fan_chet_te de Pa _ ris____, pre-

mi'e re Soubret_te, pre mi'e re Soubret_te, as tu compris, as tu com pris,

as _ tu com_pris Ge _ prie _ sen, be _ wun _ dert vom gan _ zen Jahr_

hun _ dert, flat_tirt, a _ do _ rirt_____,und viel applau _ dirt____l Stu _

pi der Por tu gi se, öff ne dein Oh ren paar,
f
hö re mei ne De vi se, die lau tet ein fach, klar: Wenn ich com man
Allegretto.
p
dirt und man nicht pa rirt, weiss ich Rath, weiss ich Rath, un geuirt so
p
fort fol get auf das Wort auch die That, auch die That:

Je_der Wi_derstand ist mir un_bekannt. 's gibt kein „Nein!" 's gibt kein „Nein!"
mach kein Hinderniss, o_der sei gewiss gleich schlägts ein, gib Acht! gleich
schlägts ein !
Un poco meno, quasi Andantino.
Armes Paris, das ich verliess, sollst mich ent_behren nim_mer mich hö_ren

all' die Ver-eh-rer die mich vermissen wer-den sich müssen zu tros-ten wissen;

kann euch nicht hel-fen, mich zog's zu ihm__, den einst ich lieb-te mit Un__ge-

pp

stüm__! den sü-ssen Jun-gen will ich um-armen, an sei-nen Her-zen

pp

f *riten.* *a tempo.*

wieder er-wärmen. Mich zog's zu ihm__ zu ihm den einst ich liebte mit Un-ge-

a tempo.

colla voce.

pp

F. S. 24229.

stüm! Ach, ach, ach. Dies Por-tu-gal ist nicht mein Fall, in Lis-sa-bon, da wär ich schon Ist man zurück in jedem Stück, mir scheinen hier die Leu-te noch sehr bor-nirt und dumm sehn wir nur par exem-ple, dies In-di-vi-du-um; will mir den Eintritt wehren, nun wart ich will dich lehren! Melde mich, melde mich, mel-de mich! Je suis Fanchett, Fanchett, Fanchett, Fanchet_te de Pa_ris____! Pre_mi è_re Soubret_te, pre_mi è_re Sou_bret_ti,

as_tu compris as_tu com_pris? as_tu com_pris.Wenn ich comman_

Più mosso.

dirt und man nicht pa_rirt, weiss ich Rath, weiss ich Rath; un_ge_säu_mt so_

fort fol_get auf das Wort auch die That, Ja die That____!

Je_der Wi_e_derstand ist mir un_be_kannt, s'gibt kein Nein, s'gibt kein Nein!

Mach kein Hinderniss, o — der sei gewiss gleich schlägts ein, gieb Acht,

gleich schlägts ein

№ 4½ Chansonnette.

Allegretto.

Fanchette.

Madame, trompe son mari avec ses meilleurs a - mis, car ce se_

PIANO.

pp

rait une infamie, de le tromper, de le tromper avec le pre-mier ve - nu.

№ 5. Duett.

Con moto moderato.
(schluchzend)
Fanchette.
Ich seh', ich merk', ich
Lambert.
Con moto moderato.
PIANO.
p
pp
fühl', ich hör', weh mir, Du liebst mich ach nicht mehr! Und ich komm von Pa-
pp
ris hie-her, o welch Malheur, o welch Malheur! Ich kam, ich wollt', ich
O dass sie dort geblieben wär!
mf
pp

Sucht' nur dich _____ liess All' die An _ dern

O dass sie dort ge _ blie _ ben wär!

dort im Stich _____ ! Und Du, Du fühlst für

O welch Malheur, o welch Malheur!

pp

rallent.
smorzando. p a tempo.

mich Nichts mehr, o welch Malheur, o welch Malheur! Wenn ich auf's Neu Dir

(für sich)

Dass sie mir hier

rallent. a tempo.

Treu hier schwör; so halt ich's auch, pa_rol' d'hon_neur! Du weisst ja, was das

kam in die Quer; geubt mich sehr, ist ein Malheur! Nur all_zuwahr

Sprichwort spricht: die al_te Lie_be ro_stet nicht! Ach

das Sprichwort spricht: die al_te Lie_be ro_stet nicht! O schweig doch still, ich bitte

Ach

Dich! So schwei_ge doch nur hier! Weh' mir___! Fau_

Allegro non troppo.

chett'chen still. Ich bit - te Dich, so schwelg'doch'nur und hö - re mich; Ja

Allegro non troppo.

p

(plötzlich freudig.)

f

Du liebst mich!

wenn es Dich be - ru'gen kann, ich lieb'Dich, bo-te Dich an chan! Ich

mf

ff

riten.

von Her - zen? Un - end - lich?

lie - be Dich! Mit Schmer - zen!

p *mf* *p* *f riten.*

Wie? Kann ge- kommen, soll ich
a tempo.
Ja doch, auf mein Wort! Doch sei ver- nünftig, geh nun fort!
a tempo.
p
(mit dem Fusse stampfend)
ff
gehn? Nein das wird nim- mermehr ge- schehn! Nein, nein, nein, nein,
ff
Allegretto moderato.
nein!
Fanchi, (Lamberts Hand ergreifend, weich.)
Allegretto moderato.
a piacere.
rit.
p

dolce

Weißt Du, wie an der Seine Strand,
Gedenkst Du, wie ich oftmals sass

am täuschigen Plätzchen Abends spät
bei Dir im trautem tête tête.

(auffahrend)

wir traulich sas_sen Hand in Hand!
Champagner schäumte in dem Glas,

(mit heimlicher Ironie)

Nicht geht
Nicht geht

Schade, schade, dass das hier nicht geht!
Schade, schade, dass das hier nicht geht!

(heftig)

?Warum nicht,weil's be_liebt?
?Warum nicht,weil's be_liebt?

(sie beruhigend-verlegen)

E_len_de Ausflucht,hat man
E_len_de Flausen, hat man

Nun,weil's hier kei_ne Sei_ne giebt!
Nun,weil's hier nichtChampagner giebt!

hier das Ta - jo - u - fer nicht da - für?
hier Xeres und Portwein nicht da - für?

Weh' — mir, Du liebstmich, ach, nicht
Weh' — mir, Du liebstmich, ach, nicht

Ach —, dass mir die kam in die
Ach —, dass mir die kam in die

mf   *f*   *p*

1.2. mehr, das ist ein gross Malheur! O — welch Mal - heur, o welch Mal - heur, o

1.2. Quer, genirt mich jetzt gar sehr! O — welch Mal - heur, o welch Mal - heur, o

cres. > > > *f* *decres.*

f *p* *cres.* *colla parte.*

1.

welch Mal - heur —— !

2. *mf* > > > *f*

heur, o welch Mal - heur —— !

mf *f*

cres. *ff*

№ 6. Auftrittslied.

Tempo di Bolero.

Dom Januario.

Tempo di Bolero.

PIANO.

Ich bin Dom Janu a ri o Pa

ra grassa Ca bo frio Mar quis von E ta pi eu ro, Pa pa gayo Fer nam-bu-co Bin gebor-ner Bra-si-lia-ner Süd Ame-rika-ner, Nachbar der Indianer,

ha-be so viel Re-ve-nü-en, dass es un-be-quem, nicht mehr an-ge-nehm;

denn es macht sehr vie-le Mü-hen, stets zu sorgen blos,wie werd' mein Geld ich los?

Ja es macht mir Sorg und Mü-hen, wie werd' ich mein Geld am besten los!

Ich produzi_re Reiss,Cafe, I_pe_ca_cuan_ha, Benzoë,

Ca_ca_o, Baumwoll' Quinquina, Sas_sa pa_ril _ la Jalap_pa. Ich wasche Gold im

Uruguay schürf' Silber aus dem Pa_raguay, grab' Di_a_man_ten

ne_benbei, noch grösser als ein Hühner_ei! Hab'Sclaven jegli_cher Couleur und

ritard. *a tempo.*

Pferd und Rin _ der noch weitmehr. Auf den Plantagen sind zu sehn. in _

nanen, Pal _ men und Cactee'n. Auch Klapperschlangen, drei El_len gross,

Vampy_ re, Ti_ger und Moski_to's kurz, allerhand, was a_müsant sind in_tres_

sant, dass giebt's bei mir zu Land, denn ich bin Bra_sili_a_ner, Bra_sili_a_ner: _

Ich bin Dom Ja — me — o — ri — o. Pu — ra — guasso. Cu —
bo. Fri — o Mar — quis von I — ta — pi — cu — ro. Pa — pa — gajo Fer —
nam — bu — co! Mei — ne Gü — ter sind grandios, mein Be — sitz mi — ra — cu — los, mei — ne
Klei — dung ta — del — los, mein Ge — müth et — was fu — rios, mei — ne

Lau - ne ganz curi - os und mein Witz oft scho - nungs - los, mein Cha -

rac - ter sor - gen - los, mein Ge - sang höchst an - spruchslos, doch mein

accelerando.

Reichthum rie - sengross, gränzen - los, beispiel - los, boden - los, famos! Bum!

accelerando.

№ 7. Flüster-Quartett.

Allegretto moderato.
Fanchette.
Antonia.
Lambert.
Januario.
Tre-ten Sie
Allegretto moderato.
PIANO.
pp
dol.
Fanchette.
Wer mag das sein?
Antonia.
Sie sind nicht al - lein?
(leise zu Antonia)
(laut vorstellend)
sein?
Vor-sicht und fein! Don-na An-
Wer mag das sein?
Lamb.
to-nia, die Came-re-ra ma-jor! Fräulein Fanchett' Mi-chel Künst-le-rin,

Fauchette.
Er_gebne Die_ne_
Lambert.
Dom Ja_nu_a_ri_o, Plan_zer aus Bra_si_lien.
Januario.
Ich hab' die Ehr!
(für sich)
rin! Un_mög_lich, die_se dort kann nicht im Weg mir sein.
Lambert. (die Gräfin
Frau
bei Seite nehmend) (zu den Andern)
Grä_fin auf ein Wort! Ich bit_te zu ver_zeihn!
Januario. (zerstreut) (sich
Mun_go! Ja

besinnend) (entschlossen)   Fauchette bei Seite nehmend)   (zu den

so!   So_fort   muss das entschieden sein!   Mein Fräulein, auf ein Wort;   ich

Antonia (leise zu Lambert.)

Andern)   Wie ich's versprach eilt' ich hie_her.

bit_te zu ver_zeihn.   Ge_stat_ten Sie mir,   Ihr

Lambert (auf Fauchette deutend)

Wel_che Ge_fahr be_droht Sie schwer?   Eine Bekanntschaft aus früher'n

Rit_ter zu sehn,   Sie sol_len es si_cher nie_mals er_

Ta_gen;   Ma_ri_a   wür_de mir nimmer ver_

zeihn; wenn ich zu hof_fen dürf_te   wa_gen.

Fanchette.

So schweigen Sie doch end - lich

zeilen! Um ih - rer, um mei - ner Ru - he wil - len, müs - sen Sie

Januario.

Wenn mei - ner Lieb_

still!

schleunigst von ihr mich be - frein!

(zerstreut) (sich besinnend)

Mungo! Ja so! Wa - rum den

Fanchette.

Weil ich dort drü - ben hö - ren will!

schweigen?

p

p

NB. Die Begleitung wird nur gespielt, wenn eine Unterstützung der Singstimmen nothwendig ist.

Fanchette. (für sich)

Lambert.

Du kannst mien, Kind, un_mög_lich blei_ben in meiner Wohnung hier.

Nur

(bei Seite)

zu Fl_lou!

Ich

Lambert. (auf Donna Antonia deutend)

Sen_no_ra wird dich zu sich neh_men, drum bitt' ich fol_ge ihr!

bin so schlau als Du!

Antonia (zu Fanchette) (zu den Andern)

Sen_no_ra auf ein Wort, ich bit_te, zu ver_

Januario. (zu Lambert) (zu den Andern)

Ver_ehr_ter, auf ein Wort, ich

F. S. 24229.

Antonia.
In ei_ner Virtel_stund, am Garten, werd' ich im Wagen Sie er-
bit_te zu ver_zeihn!
warten! Ich will mit mir Sie füh_ren dann auf mein Schloss am
Fanchette.
(für sich)
Sehr o_bli_girt! Dü_pi_ren sollt Ihr mich nim_mer_
Meer.
mehr. (zu Lambert leise)
J
Ich möch_te sie ent_füh_ren, falls Ih_nen Nichts dran liegt.
p

Antonia. (leise zu Lambert)
Noch heut soll auf der See sie
Lambert.
Mich wird das nicht geniren.
Januario.
Ich danke, das genügt.
sein.
Jan. (leise zu Fanchette)
Ich kehr zu - rück wenn Sie al - lein.
Lambert (für sich)
Wenn sie der Gräfin sollt ent - gehn, werd' ich durch
Fanchette (für sich)
Hätt' ich nur erst ent - deckt, was hier da - hin - ter steckt.
ihn be - freit mich sehn.

Al _ le Vier sprechen mir in ge _ heimnissvol _ ler Wei _ se; Son _ der _

Al _ te Vier sprechen mir in ge _ heimniss_vol _ ler Wei _ se; Son _ der _

Al _ te Vier sprechen mir in ge _ heimniss_vol _ ler Wei _ se; Son _ der _

Al _ te Vier sprechen mir in ge _ heimniss_vol _ ler Wei _ se; Son _ der _

bar ist fürwahr dies Ge _ spräch so still und lei _ se! Die _ ses Flüstern, dieses Wispern, dieses

bar ist fürwahr dies Ge _ spräch so still und lei _ se! Die _ ses Flüstern, dieses Wispern, dieses

bar ist fürwahr dies Ge _ spräch so still und lei _ se! Die _ ses Flüstern, dieses Wispern, dieses

bar ist fürwahr dies Ge _ spräch so still und lei _ se! Die _ ses Flüstern, dieses Wispern, dieses

Zi - scheln in das Ohr, die - ses Winken Augenblinken kommen mir ver -

Zi - scheln in das Ohr, die - ses Winken Augenblinken kommen mir ver -

Zi - scheln in das Ohr, die - ses Winken Augenblinken kommen mir ver -

Zi - scheln in das Ohr, die - ses Winken Augenblinken kommen mir ver -

dächtig vor. Schon gut, schon gut, ich bin auf der Hut;

dächtig vor. Schon gut, schon gut, ich bin auf der Hut;

dächtig vor. Schon gut, schon gut, schon gut, schon gut, ich bin auf meiner Hut; auf der Hut! Schon

dächtig vor. Schon gut, schon gut, schon gut, schon gut, ich bin auf meiner Hut; auf der Hut! Schon

ppp

schon gut, schon gut. ich bin
schon gut, schon gut, ich bin
gut, schon gut, schon gut, schon gut, schon gut! Ich bin auf der
gut, schon gut, schon gut, schon gut, ich bin auf mei_ner Hut.
auf der Hut, schon gut, schon gut!
auf der Hut, schon gut, schon gut!
Hut, ich bin auf der Hut, schon gut, schon gut!
Ich bin auf der Hut, bin auf der Hut, schon gut, schon gut!

Ich hab' die Ehr'!
Ich hab' die Ehr'!
Auf Wieder_sehn!
Meine Da_men, verehr_ter Freund,
Januario. (leise zu Fanchette)
(laut)
In zehn Mi_nuten komm ich her. Mungo! Ja so! Em_pfehl mich
rit.
Schon gut, schon gut. Ich bin auf der Hut!
Schon gut, schon gut, ich bin auf der Hut!
Schon gut, schon gut. Ich bin auf der Hut!
sehr. Schon gut, schon gut, ich bin auf der Hut!
a tempo.
pp
mf
f

№ 8. Duettino.

Allegro non troppo.
Fauchette.
Januario.
Sind Sie al - lein?
Allegro non troppo.
PIANO
p
Tre - ten Sie ein!
Wer - den Sie nun mein?
Könn - te mög - lich sein.
Wenn Sie ge -
f
Ich bin be - glückt
f
pp

schickt und ver_schwiegen sind, wenn Sie stumm und blind und ge_hor_sam nun, was Ich sa_ge thun.

Will al_les knick rik_ti_ren ich geb' mehr Wort! Sie sol_len mich ent_füh_ren, und zwar so_fort!

Entfüh_rung? Hou! Ich bin be_

Halt! Noch ei_ne Klei_nig_keit: wo_hin ge_hen wir?
(mit Schwung.)
reit. Nach Bra_
p
Ist Bra_si_lien weit von hier?
si_lien lass uns ei_len! Nun, sind doch so ein'_ge
Ei_ner_lei, ich bin da_bei; wenn's Unter_hal_tung dort nur giebt;
Mei_len. Soviel Sie

Lyrics under the vocal staves:

breit.

O, Sie

wol_len, wie's be_liebt das schö_ne Land, das mich ge_bar,—

en_tu_yi_ren mich!

Kür_zer,

das ist ein Land, so wun_der_bar!

kür_zer bit_te ich!

Kürzer!

Kürzer?

Allegretto moderato.
Januario.
Ach in Brasilien, glaub'n Sie mir, da ist's viel schö - ner
Allegretto moderato.
p
noch als hier. Die üpp'gen Wiesen sind gran-dios; dort wieder Büf - fel
rie-sen gross. Ur-wälder sind an Af-fen reich, die schau'n frappant den
Mensche gleich. Am A-ma-zo - nen Strom entlang tönt der Creo - lin Lie-bes -
p

Con moto moderato.
J
sang:
Con moto moderato.
p
rit.
rit.
pp
La la la la la la la la la la la la la la la
la la la la la la la la la la la la la la la la — la.
La la la la la la la la la la
la la la la la la la la la la. La la la la la la la la
la la la la la la la la la la la la la la la la la la — la la la la
la la la la la la la la la la — la la la la la la la la

Allegretto.

Das klingt recht schön.

Noch nicht zu gleich, man

Nun, so wolln wir gehn.

könn_te sonst uns sehn. Un_ten bei den Thor am Gar_ten wird ein Wagen uns er_

warten. Ich harre dort; ohne ein Wort steigen Sie ein, dunkel wird's

L'istesso tempo.
sein. Dann geht es fort über Stock und Stein.
f Januario.
Dunkel wird's sein!
Fanchette.
Dunkel wird's sein!
Januario. (entzückt)
Dunkel wird's sein, dunkel wird's sein! O wie see - lig werd' ich sein!
decresc.
pp
Veloce.
Nie - mand wacht; durch die Nacht rollt der Wa - gen, welch' Be -
Nie - mand wacht: durch die Nacht rollt der Wa - gen, welch' Be -
Veloce.
pp

ha-gen, wel-che Freu-de für uns Bei-de. Wir zu Zwein

ha-gen, wel-che Freu-de für uns Bei-de. Wir zu

ganz al-lein: Schlum-mer dicht deckt rings die

Zwein ganz al-lein; Schlum-mer dicht deckt rings die

Welt. Mon-den-licht, Mon-den-licht den Weg er-hellt.

Welt, Mon-den-licht, Mon-den-licht den Weg er-hellt.

Wir ent - ei - len vie - le Mei - len, Wäl - der
Wir ent - ei - len vie - le Mei - len, Wäl - der
ppp
Höhln, Flüs - se, See'n was es sei un - ver - zagt, schnell vor-
Höhln, Flüs - se, See'n was es sei un - ver - zagt, schnell vor-
cres.
bei wird ge - jagt! Schnell vor - bei, schnell vor-
cres.
bei wird ge - jagt! Schnell vor - bei, schnell vor-
molto cr

bei, schnell vor - bei vor - bei vor - bei!

bei, schnell vor - bei vor - bei vor - bei! Dann zu

Ü - bers Meer, wie geht's ge - schwind!

Schiff' mit günst' - gen Wind.   Bald schon

Ja im Spie - le sind wir da ____! Recht

nah sind wir dem Zie - le!   Recht

F.S.24229.

Lyrics under the staves:
a _ mü _ si _ ren könnt mich das, es wä _ re ein köst _ li _ cher Spass! Recht

a _ mü _ si _ ren wird uns das, es freut mich der köst _ li _ cher Spass! Recht

a _ mü _ si _ ren könnt mich das, s'wär ein Spass____, ein Spass, ein

a _ mü _ si _ ren das, ein Spass____, ein Spass, ein

Spass____

Spass____

№ 9 Finale I.

Allegro moderato.

PIANO.

Domingos.

Nur her_ ein meine Herr'n,kann vor Zeugen will ich Er_ klä_ rung sogleich schweige

Domingos.

nicht mehr still! Marie.

Welch ein Lärm, was soll das sein? Wer dringt hier so. Hin_

Lambert.

Welch ein Lärm, was soll das sein? Wer dringt hier so. Hin_

Francesco col Ten. I.

Joaquino col Ten. II.

Al _ le rief man uns hin _ ein, dass wir soll _ ten

Norberto col 2. Bass I.

cres.

ein ——— !
ein ——— !
Lambert.
Herr, was
Soprani.
p
Wenn ein Ge _ mahl die Frau will at _ trap_pir'n, ———
Zeu _ gen sein!
p
Wenn ein Ge _ mahl die Frau will at _ trap_pir'n, ———
p
f
p
wol_len Sie von mir?
Lambert.
Lang be_klag_te man und
Domingos.
Mei_ne Gat tin such ich hier!
da giebts Scan_dal ———, das wird uns a_mü _ sir'n ——!
da giebts Scan_dal ———, das wird uns a_mü _ sir'n ——!

sag_te dass Sie kurz _ sich_tig sind; doch dies To_ben gibt mir

Pro_ben, dass Sie voll_stän_dig blind? Wie? Sie wa_gen, zu be_

Domingos.

kla_gen mei_nen Kurz_sich_tig_keit? Sie Ent_füh_rer, Sie Ver_

füh_rer! Die_ser Hohn geht zu weit!

p

Wenn ein Ge_mahl____ die

p

Wenn ein Ge_mahl____ die

cres.

fz

p

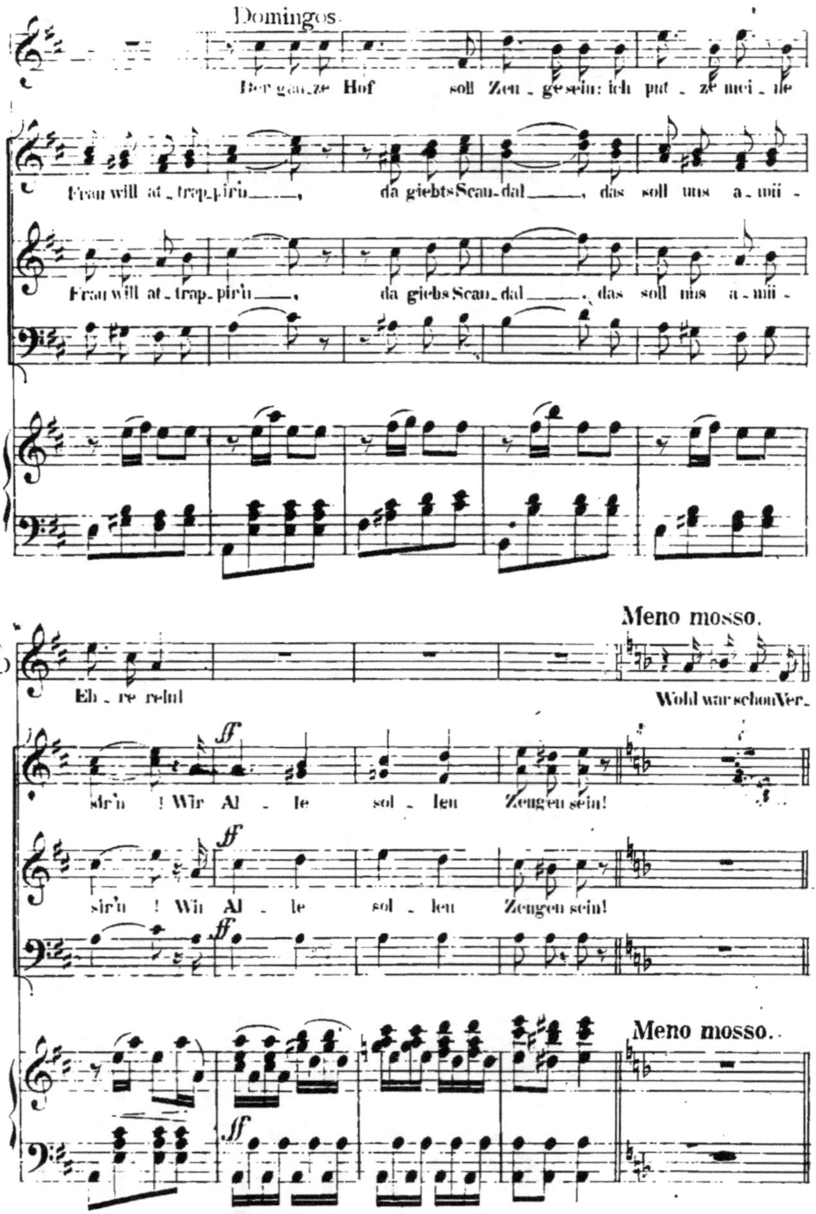

dacht Angst in mir er_wacht, a_ber heu_te war plötz_lich al _ les
mir die_se Ohr_feige hier, denn der Da_me Hand schien mir un_be_

klar; Hier bei ihm mas_kirt traf ich Ei_ne heut und sie traf mich
kennt; spä_ter in der Geschicht ging mir auf ein Licht und ich weiss ge_

auch mit Ge_schick_lich _ keit, Au! Mit Ge_schick_lich
nau das war mei _ ne Frau, Au! Das war mei_ne

keit.
Frau.

Zweifel werkt in

Und Sie traf ihn auch,Au! Mit Ge_schick_lich_keit!
Und er_weis ge_ nau, Au! Das war sei_ ne

1.

2.
Domingos.
a piacere.
Demas - ki - ren muss so - fort sich die Da - me dort!
Frau. Ha, ha, ha, ha, ha, ha,
Frau. Ha, ha, ha, ha, ha, ha,
2.
Allegro.
Lambert.
Wer es wa - get, hier zu nah'n, wer es wa - get, hier zu
Allegro.
ff
nah'n, um den ist's ge - than!
Marie.
Kei - nen
ff
f

Maestoso.
Streit wo ich zu - ge - gen bin! Frie - de, ich be -
Maestoso.
p
fehls! Ich, die Kö - ni - gin! Dem
f
Die Kö - ni - gin!
f
Die Kö - ni - gin!
f
cres.
f
legato.
Fe - ste bei - zu - wohnen kam ich her, das man be - rei - tet heut dem Gouverneur.
Domingos.
Dann war die
p

Marie.
Agitato.
Domingos.
Die An - dre!
Andre meine Frau!
Ja, ich sah's ge - nau! Ja es wa-ren
Die An - dre!
CHOR.
cres.
Agitato.
Zwei und ich bleib da - bei: Si - cher steckt sie hier hin - ter die - ser
Marie.
Wie? hör ich recht?
Lambert.
Verdammt!
Mar - quis, Sie sa-hen schlecht!
Domingos.
Thür!
Sicher steckt sie hier!
Ich seh' nicht

gut, ich will's ge _ stehn, doch dop _ pelt hab' ich nie ge _ sehn! Ich bleib da _

Meno *quasi Recit.ad lib.*

Marie.

Um Al _ les auf _ zu _

bei, es wa _ ren Zwei, ich bleib da _ bei, es wa _ ren Zwei!

Er bleibt da _ bei, es wa _ ren Zwei!

Er bleibt da _ bei, es wa _ ren Zwei!

Meno

cres.

risoluto.

klä _ ren, wird Dom Lambert nicht weh _ ren, zu öff _ nen die _ se Thür! Man

(schnell.)

Tempo I. agitato.
öff - ne!
Lambert.
We - he mir ver - geb' - ne Müh!
Domingos.
Er - lau - ben Sie!
Tempo I. agitato.
p
cres.
Fanchette in Uniform eines Seekadeten tritt aus der Thür, Domingos entgegen.
Tempo di Marcia.
Doming.
Ein jun - ger
Tempo di Marcia.
f
G. P.
pp
Marie.
Wie kommt der dort hin - ein?
Fanchette.
Mög' Eure Excellenz ver -
Lambert.
Mann.
Fan - chet - te!
Chor.
Ein See - ca - det?
Ein See - ca - det?

zeihn, wenn ich nicht blieb, wie mir be_foh_len. bis Sie ka_men mich zu
Marie.
Wer sind Sie?
ho_len, doch hört' ich Stimmen hier. Ein Ca_det,
dol.
Marie.
Und dies _ Gewand?
Lambert.
den sei_ne Ex_cellenz ver_sprach zu pro_te_gi _ ren. Die
neu_e U_ni_form, in der ich ihm wollt prä_sen_ti_ren
Domingus.
Aus Bra_
Und wo_her kommt er?
mf
f
pp

Doming.

si _ lien di _ rect, des Gouver _ neur's Neven.   den man uns an _ non _ cirt,   Der

Fanchette.

*Fanchette spricht: Himmel,
den langen Namen werd'
ich schwerlich behalten.*

Marie

So   ist's!   Lambert.   Ver _

Ist nicht gut?   *Dom Mauritio Au _ gusto de Queroga.*

cres.   Un poco più

(leise zu Lambert.)   (laut zu Fanchette.)

zei _ he mir!   Sie kommen von Brasiliens Stran _ de   und können si _ cher uns be _

moto.

sehreiben,wie lebt man dort zu   Lande?

Jetzt wird Sie stecken bleiben.

Tempo di Bolero. Fanchette.

O in Brasilien, glaubet mir, da Ist's viel schö - ner noch als hier: Die üpp.gen Wiesen sind grandios, dort wei.den Büf - fel, riesengross. Ur.wälder sind an Af.fen reich; die schaun frappant den Menschen gleich; Am Ama _ zo _ nen Strom entlang tönt der Cre.o.lin Lie.bes.

Con moto moderato.
sang:
La la la la la la la la la la la la la la la la la la
Con moto moderato.
p
la la la la la la la la la la la la la la la la la la la la la la la la la la
Marie.
La la la la — la — la la la — la la la
Fanchette (für sich)
la — . Was heut man mir er - zählt bring' hier ich wieder an; man weiss doch
(mit geschlossenem Munde)
pp
M m m m — m m — m —
pp
M m m m m m m m
pp
pp
pp

M
F
la la la la la la la la la la la la la
nie wo zu man Etwas brauchen kann. La la la la la la la la
ppp
m m m . Wie hübsch der junge Mann das Alles schildern
m m m m. Wie hübsch der junge Mann das Alles schildern
m m m m. Wie hübsch der junge Mann das
la la la la
la la la la.
kann wie hübsch der junge Mann das Alles schildern kann.
(geschl. Mund.)
kann m m m.
Alles schildern kann.
rall.
pp

Allegro.

Grazioso.

Marie.

ad libit.

Ein al-ler-liebster, junger Mann, der uns recht wohl ge-

Grazioso.

p

a tempo.

a piacere.

fällt; wir nehmen gern uns sel-ner an, er sei hier an-ge-stellt. Doch

a tempo. *pp*

Meno.

rallent.

Ih-nen, Gouver-neur, er-klär' ich voll Zu-frie-den-heit nun mehr, die

rallent. *pp*

a tempo.

pp accel.

U-ni-form ge-fällt mir sehr, und der sie trägt, noch mehr! Ja

a tempo. *accel.*

a tempo.
Ihnen Gouver_neur, erklär' ich voll Zufrieden_heit: die U_ni_form ge_fällt mir sehr, und
a tempo.
p
der sie trägt noch mehr. Die U_ni_form ge_fällt ihr sehr und der sie trägt noch mehr.
Mosso.
Die U_niform ge_fällt ihr sehr, ja sie ge_fällt ihr sehr.
Die U_niform ge_fällt ihr sehr, ja sie ge_fällt ihr sehr.
Mosso.
pp
f
Cadeten
(hinter der Scene.)
Sopran 1 u. 2.
Hoi oh, hoi
p
p

oh, hoi oh hoi oh——!
Norberto.
Der See-ca-de-ten
Sang tönt zu uns her; ihr Ruf be-grüsst den
neu-en Gou-ver-neur——.
Marie (zu Fanchette)
In Ih-re Reihen
tre-ten Sie nun-mehr!
(bei Seite)
Die U-ni-form ge-fällt mir sehr und
pp
p

der sie trägt noch mehr, Die U_ni_form ge_fällt ihr sehr und der sie trägt noch mehr!

Die U_ni_form ge_fällt ihr sehr, ja sie ge_fällt ihr sehr.

Die U_ni_form ge_fällt ihr sehr, ja sie ge_fällt ihr sehr.

Dialog. *Lambert* (leise zu Fanchette) Du bist nun ein Mann und musst es bleiben! *Fanchette* Act

wie lange? *Lambert* Für immer, oder wir sind Beide verloren! *Fanchette* Ich, für immer Mann?

Das kann hübsch werden!

Marcia.

Chor der Cadeten.

Wir sind die Ca-de-ten, die net-ten, antreten in Glied und Reih' zu

Zwei und Zwei mar-schirt, e-xer-zirt, pa-ra-dirt, de-fi-lirt, und

prä-sen-tirt, sa-lu-tirt, eins-zwei, drei, vor-bei! Kojoh, ho _ joh, ho _ joh, tra la la, die Ca _ de _ ten sind da, die Ca _

de _ ten sind da, ho _ joh, ho-joh, ho _ joh tra la la, ho _ joh, wir sind schon

dal

(portugiesisch.)

Trio. Wir durch _ zo _ gen die Wo _ gen, sind auf dem Meer zu

Hause; Sil _ ber _ wel _ len, die hel _ len, sie tru _ gen uns hin _ aus. Wenn Ge _

fah_ren rings sich thür_men, da hebt sich stolz die Brust; mag es
blit_zen, donnern, stür_men, das ist des Seemann's Lust! Wir durch_zo_gen die
Wo_gen, sind auf dem Meer zu Haus; Sil_ber_wel_len, die hel_len, sie
tru_gen uns hin_aus! Joa_ho Joa_ho Jo_a_ho! Wir

D.S. al fine.

Domingos.
Jetzt hab' ich's doch nicht e_ru_irt, wer mei_ne Frau mir hat ent_führt.
Cadetten.
Ein Hoch dem Gou_ver_neur!
Lambert.
Allegro maestoso.
rit.
Der Kö_ni_gin und Por_tu_gal bleibt die_ser Arm geweiht! Für Sie sind Blut und Le_ben All' zu op_fern wir be_
dim.
cres.
Tenor.
Männerchor.
Bass.
Für Sie sind Blut und Le_ben All' zu opfern wir be_

Più animato.
Marie.
Fanchette.
Ein Hoch ein Hoch
Lambert.
Domingos.
Ein Hoch, ein Hoch dem Vater - land, ein Hoch ein
land, ein Hoch ein Hoch
Sop. u. Cadetten.
Ein Hoch, ein Hoch dem Vater - land,
ein Hoch ein
ein Hoch ein Hoch
Ten.
reit!
Bass.
Ein Hoch, ein Hoch dem Vater - land, ein Hoch ein
Più animato.
ff
tr
pp
rallent.
a tempo.
dem Va - ter - land!
Heil!
Hoch, dem Va - ter - land, es tön' hin - aus zum Mee - res - strand. Ein Hoch
Hoch, dem Va - ter - land, es tön' hin - aus zum Mee - res - strand. Ein Hoch
Hoch, dem Va - ter - land, es tön' zum Mee - res - strand. Ein
p

Ein Hoch ein Hoch
ein Hoch dem Va_ter_land, ein Hoch ein
land, ein Hoch ein Hoch
ein Hoch dem Va_ter_land, ein Hoch ein
land, ein Hoch ein Hoch
Hoch, ein Hoch dem Va_ter_land, ein Hoch, ein
ff
Allegro non troppo.
dem Va_ter_land! Es er_tön'
rallent.
Heil! Es er_tön'
Hoch dem Va_ter_land tönt'es hin_aus zum Mee_res_strand! Es er_tön'
Hoch dem Va_ter_land tönt'es hin_aus zum Mee_res_strand! Weit hin_
rallent.
Allegro non troppo.
rallent.
ff

Ende des I. Actes.

II. ACT.
№ 10. Entreact und Ensemble.

Cadeten. *Sopran.*

Sind am Land wir fest gebannt, kann uns das Le-ben nicht erfreun. Man stu-dirt und e-xer-zirt, darf kaum sich der Er-ho-lung weihn, flu-chend fügt man sich dar-ein, Sap-perment seufzt und denkt, E-lement! es muss ja sein. A-ber am

Allegro.

Bord, am Bord, am Bord, am Bord, wo uns Wel_len, schaukelnd he_ben, da gibts so_

fort so_fort so_fort sofort ein ganz neu_es und fri_sches Le_ben. Schwankendes

Holz un_ter den Füs_sen, schäumende See, dich zu be_grüs_sen, tönt das ho_

joh! aus vol_ler Brust; du bist des See _ ca _ de _ ten

(Einige hinter der Scene.)
(Alle auf der Bühne.)
Lust ! Ho - joh! Ho - joh ! Ein Se - gel ist
nah ! Ho - joh, wer ist da ?
L'istesso tempo.
L'istesso tempo.
p
p
p
Moderato.
Fanchette (mit schwacher Stimme)
Weh' mir, hu, hu, ach lasst mich in Ruh', s'ist zu End' mit
Moderato.
pp

meinem Muth in Kopf und Ma_gen ich kann's nicht sa_gen, fühl' ich mich so, so

gar nicht gut! Nein, nein, das Meer, das lieb' ich nicht sehr; lasst mir Ru_he,

immer langsamer und schwächer. *rall.*

bit_te ich; In_disponi_ret, sehr fa_tigui_ret, höchst mise_ra_bel fühl' ich mich.

rall.

Poco più moto.
Chor der Cadeten.

Wie wird dir's gehn, wenn Stür_me wehn? Seekrank wirst du Im Ha_fen gar!

Poco più moto.

Du bist ein Held, der uns ge-fällt. Ha, welch ein Held: ha,ha,ha, ha,

Più animato.

ha, da muss man la-chen doch für-wahr, ha, ha, da muss man

Fanchette.

Die Un-ge-heu-er la-chen noch

la-chen doch. Ha, ha, ha, ha,ha,ha, ha, ha, ha! Da muss man la-chen

Die Un-ge-heu-er la-chen noch! Ach!

doch, ha, ha, ha, ha,ha, ha, ha, ha, ha,ha,ha,ha,ha, ha, ha, ha, ha,ha, ha, ha,ha, ha, ha, ha!

№ 11. Couplet's.

Allegretto moderato.
Fanchette.
Allegretto moderato.
PIANO.
p
In dem Ge - wand sind mir die Glie - der zu
Zum Weib hat mich Na - tur ge - schaf - fen, hat
ein - ge - zwängt, es ist ein Graus; ich seh - ne mich nach
mich ent - spre - chend aus - staf - firt, soll ich ver - zich - ten
p
Schlepp und Mi - der, so halt ich's nicht mehr aus.
auf die Waf - fen, die stets zum Sieg ge - führt?
p
p

Trin - ken und Rau - chen, rau - fen und spie - len, welch' mi - se - ra - bler
Nennt mich Ma - ri - ● - tto, Vas - co und Pe - dro, nennt mich Herr Lieut - nant,
Zeit - ver - treib! Nie kann als Mann ich wohl mich füh - len,
Herr Ca - det, das ist nur aus - sen, doch von in - nen,
da bin ich zu sehr Weib! Nein, nein, die, Sach' ist
bleib' ich Ca - det - Fan - chett', nein, nein, die Sach'
nicht zum la - chen so gehts nicht län - ger sa - pri - sti,

Du willst durch — aus zum Mann mich ma - chen, doch
das ge - ling dir nie, das ge - lingt dir nie, das ge - lingt dir
nie, nie, nie, nie, das ge - lingt dir nie
das ge - lingt dir nie!

№ 12. Ensemble und Lied.

Allegro maestoso.

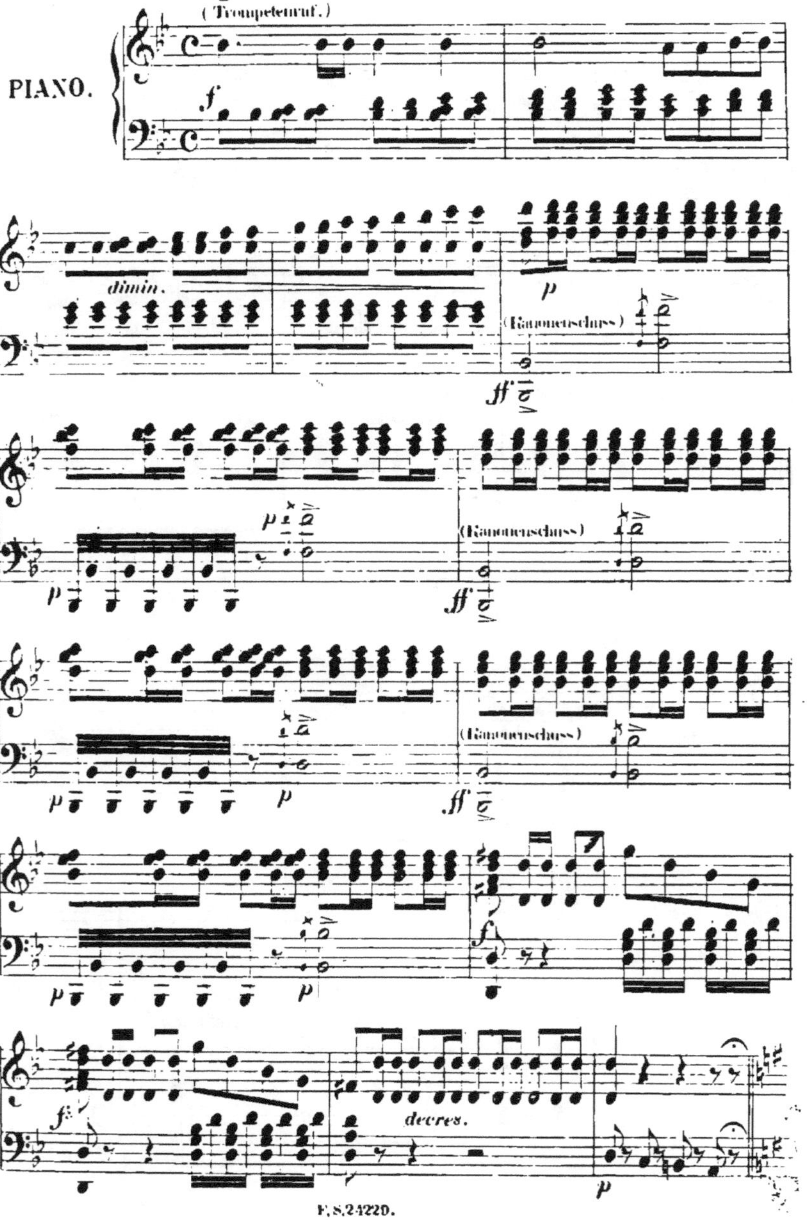

Allegro con brio.
Marie.
Fanchette.
Antonia.
Lambert.
Januaro.
Domingos.
Chor.
Allegro con brio.
PIANO.
f

Eilt her.bei, gebt Acht mit Glanz und Pracht vor der Kö.ni.gin heut wird die Flagge'ge.

weiht, die auf dem Schiff des Ad.mi. rals soll wehn zum Ruh.me Por.tu.

gals, zur ho.hen Fest . lich.keit auf die sich heut hier Je.der freut ist

Al - les schon be - reit. Se - het dort, bli - cket hin, dort naht die Kö - ni -

gin! Heil, Heil, der Kö - ni - gin!

Poco più moderato.

Marie.

Seid ge - grüsst, Ihr Ge - treu - en, die ver - sam - melt hier, im Ver -

ein mit mir die Flag-ge heut zu wei-hen, un-srer
a piacere.
See-macht stolz es Pa-nier, denn nur ihr dan-ken wir Al-len
colla parte.
Reichthum, al-le Macht; fer-ner Welt-thei-le Pracht, schimmerndes Gold, ed-les Ge-
stein, auf des Mee-res Wo-gen al-lein wird es her zu uns ge-
rallent.

Allegretto grazioso.

Marie.

Allegretto grazioso.

bracht!

Nicht gross sind uns _ re
Uns _ re Schif _ fe bom _ bar _

_Lan _ de, doch reicht uns _ ser Arm ü _ bers Meer_____ es wehn am fern _ sten
di _ ren was zu wi _ derste _ hen uns meint. Preis den Männern, die sie

Stran _ de_____ die Flaggen zu Por _ tugals Ehr Hurrah!
füh _ ren _, die ta _ pfer ver _ nich _ ten den Feind, Hurrah!

Der wei _ te O _ ze _ an ist uns un _ ter _
Dem un _ ser höch _ stes Gut schir _ men sie voll

than öff_net un_serm Ruhm die Bahn
Muth o_pfern freu_dig Le_ben und Blut Vi_
rall. ppp p a tempo.
to - - ri a! Wir ver_traun dem Mee_res_göt_te Al_les,
was uns lieb und werth, da_rum lieb ich uns're Flot_te, der Flot_te, der
cres.
Flot_te, der Flot_te, der Flot - te nur mein Herz ge_

Marie.
hört.
Der
Wir ver trau'n dem Meeres gotte, alles was uns lieb uns werth darum
molto cres.
Flo - te nur mein Herz gehört!
lie-ben wir die Flotte, der Flotte nur das Herz ge-hört!
Lambert.
1.
2.
Ho-he Be-

L'istesso tempo.

geist rung er . fül . let uns Al . le, da un . srer Kö . ni . gin Huld uns be -

Marie.

Hab' ich doch sebst heut,dem Feste zu Eh . ren in Ih . ren Far . ben mich ge -

glückt!

Maestoso.

Fanchette.
(bescheiden vortretend)

schmückt. Lambert.

Hoch wie ich

Heil, heil unsrer Herscherin, Heil!

Heil, Heil!

Heil, Heil!

Maestoso.

(Sie nimmt schnell die Schleife von ihrer Achsel und befestigt die Schleife an der Schulter der Königin.)

seh,_ fehlt Ih_rer Ma_je_stät_ das Ach_sel_band.

Più moto.

Marie.

Ca_pi_tän Mau_ri_tio ist ga_lant!

(winkt Fanchette aufzustehen)

rall.

Er sei da_zu er_nannt!

Wie? Ca_pi_tän?

Wie? Ca_pi_tän?

Wie? Ca_pi_tän?

colla parte.

Moderato.
Lambert.
Sie Ca_pi_tän? Jetzt wird es schön!
Cadeten (unter sich)
Schon Capitän? Ei seht doch Den!
Moderato.
Marie.
Als Ca_pi_
Fanchette.
Erst Schiffscadet, dann Capi - tän!
Antonia.
Sie Ca_pi_tän, das wird schön!
Januario.
Was muss ich sehn? Sie, Capi_tän?
Domingos.
Ich kann nichts sehn, ich kann nichts sehn, wer Ca_pi - tän?

Marie.
tän werd' ich ihn sehn!
Fanchette.
In Frie - dens - zeiten mag das gehn doch gibt es Krieg, wär's nicht mehr schön!
Antonia.
Sie Capi - tän, das wird schön! Sie Capi - tän? das wird schön!
Lambert.
Sie Capi - tän! Jetzt wird es
Januario.
f
Sie Capi -
Domingos.
p
Ich kann Nichts sehn vom Capi - tän
Cadeten.
Schon Ca - pi - tän? Ei, seht doch den, ei, seht doch den!
Tenor.
Das ist recht schön! Ei Ca - pi -
Männer Chor.
Bass.
Das ist recht schön!

Als Ca-pi - tän ___ ___! werd ich ihn sehn, das ist schön!
Ich Ca-pi - tän ___ ? wie wird das gehn? das wird schön!
Sie Ca-pi-tän? Sie Ca-pi-tän? das wird schön!
Sie, Capi-tän! Ach, jetzt wird es schön, jetzt wirds schön!
tän? Sie, was muss ich sehn, das ist schön!
den Capi-tän? Wen? ich kann nichts sehn! gar nicht schön!
Schon Ca-pi - tän? ei seht doch den! seht doch den!
tän ___! der Ca-pi-tän? das ist schön!
er Ca-pi - tän! der Ca-pi-tän? das ist schön!

Allegro maesto.
Marie.
Und jetzt zur Flaggenwei - he! Das Fest be - gin - ne nun - mehr.
Allegro maesto.
Largo maestoso.
Cadetten und alle Solo Dan.
Ihr schwören wir ste - te Treu - e, sie tragt unsern Ruhm ü - bers Meer!
Chor und Soli.
Largo maestoso.

Schlag mit dem Hammer.
Marie.
Der Erste zu Gottes Preis und
Ehr, der Zweite dem heilgen Schutzpatron! der Dritte
Chor und Soli.
zu Gottes Preis und Ehr!
dem heilgen Schutzpa_tron!
das uns_res Landes Ruhm sich mehr!
das uns_res Lan_des Ruhm sich mehr!

Lambert.

Der
Etwas bewegter.

Schlag ✻ **Tempo I.**

Kö_ni_gin auf Por _ tu _ gal Thron!

Chor und Soli

Zu Got _ tes Preis und

ohne Marie.

Tempo I.

Eh _ re, dem heil'_gen Schutz _ pa _ tron! dass

uns_res Lan_des Ruhm sich meh_re! der Herr _ sche_
rin_ auf Por_tu_gals Thron!
ff
decres.
p
pp

Recit.
Marie (leise zu Lambert)
Tempo I.
Vor_her noch dir mein Dank ge - bührt!
Domingos.
Das Diner der Kö_ni_gin ist ser_virt!
Tempo I.
pp
p
(laut)
f
Hier un_ser Gou_ver_neur_, dess Treu_e uns be_kannt, sei zum Gross-Ad_mi_ral er_nannt; denn wir ver_traun dem Mee_res_got_te Al_les was uns lieb und werth, da_rum lieb ich uns_re
f
p
p

Flot_te, der Flot_te, der Flot_te, der Flot_te, der Flot
cres.
_te nur mein Herz ge_hört.
Wir ver_trau'n dem Mee_res_got_te al_les
Chor und Soli.
mf
f
Der Flot
was uns lieb und werth, da_rum lie_ben wir die

molto cres.
te nur mein Herz ge - hört.
Flöt-te, der Flöt-te nur mein Herz ge - hört.
poco
rallentando.
ppp

№ 13. Reflection.

Sehr mässig bewegt.

Domingos.

PIANO.

p

Je _ den _ falls scheint hier bei Hof
Mei _ ne Frau wird mir ent _ führt,
Lä _ chelt freund _ lich mei _ ne Frau,

jetzt Ver _ schied _ nes vor _ zu _ gehn, was sich gänz _ lich
ich weiss heut noch nicht wa _ rum? dann mir fran _ co
weiss . ich nie _ mals recht wa _ rum? zieht sie mir ein

nur ent _ zieht_____ was ich gar nicht kann ver _ stehn,
re _ tour _ nirt_____ ich weiss wie _ der nicht, wa _ rum?
schief Ge _ sicht_____ weiss ich wie _ der nicht, wa _ rum?

Al _ les lacht in mei _ ner Näh, a _ ber ich bin nie *au fait;*
Al _ le An _ dern, fürch _ te Ich, wis _ sen mehr da _ von als Ich;
Sie er _ blelcht,wird wie _ der roth, oh _ ne dass ein Grund sich bot,

ein _ mal wird mir gra _ tu _ lirt und dann wieder con _ do _ lirt;
a _ ber Kei _ ner sagt mir was das Ist ein ver _ flix _ ter Spass.
und In man _ che Rin _ zeln _ heit wär Ich ger _ ne ein _ ge _ weiht.

Da _ bel er _ fahr' ich nie wa _ rum,
Wenn man gar nie er _ fährt wa _ rum,   s'ist zu dumm, s'ist zu dumm,
Doch wenn man nie _ mals welss wa _ rum,

wenn man gar nie _ erfährt warum, s'ist zu dumm, s'ist zu dumm!

№ 14. Quintett.

Wohl an, komm an! Mann ge gen Mann, Mann gegen Mann! Jetzt bin ich auf ge legt, von Kampfeslust bewegt! Es gilt, es gilt, jetzt bin ich wild, jetzt bin ich wild! Al - lons! Pa - rol d'hon - neur, ich

hal - te mich nicht mehr! Hier vor die - sen Zeu - gen soll es bald sich

zei - gen, wer den Gegner nie - der zwingt; wer den blut'_gen

Sieg _____ er - ringt!

facilité. sie ...

F
Hier vor die-sen Zen-gen soll es bald sich zei-gen, wer den Gegner
L
Ja vor uns, als Zen-gen soll es bald sich zei-gen, wer den Gegner
D
Ja vor uns, als Zeu-gen soll es bald sich zei-gen, wer den Gegner
J
Ja vor uns, als Zen-gen soll es bald sich zei-gen, wer den Gegner
N
Hier vor die-sen Zen-gen soll es bald sich zei-gen, wer den Gegner
nie-der zwingt, wer den blut'-gen Sieg, wer den
nie-der zwingt, wer den blut'-gen Sieg, wer den
nie-der zwingt, wer den blut'-gen Sieg, wer den
nie-der zwingt, wer den blut'-gen Sieg, wer den Sieg
nie-der zwingt, wer den blut'-gen Sieg, wer den Sieg

f
Sieg, wer den Sieg, wer den Sieg erringt, wer den Sieg, wer den Sieg, wer den
Sieg, wer den Sieg, wer den Sieg erringt, wer den Sieg, wer den Sieg, wer den
Sieg, wer den Sieg, wer den Sieg erringt, wer den Sieg, wer den Sieg, wer den
wer den Sieg, wer den Sieg, wer den Sieg erringt, wer den Sieg, wer den Sieg, wer den
wer den Sieg, wer den Sieg, wer den Sieg erringt, wer den Sieg, wer den Sieg, wer den
Sieg, wer den Sieg, wer den blut'gen Sieg er - ringt!
Sieg, wer den Sieg, wer den blut'gen Sieg er - ringt!
Sieg, wer den Sieg, wer den blut'gen Sieg er - ringt!
Sieg, wer den Sieg, wer den blut'gen Sieg er - ringt!
Sieg, wer den Sieg, wer den blut'gen Sieg er - ringt!

Allegretto.
Lambert.
Le - get Euch nur aus!
Fanchette (leise zu Lambert.)
Mich er - fas - set Graus!
Lambert.
Mach dir nichts da - raus, s'ist ja Al - les nur
Scheiu!
Fanchette.
Nun dann, so mags sein!
Allegretto.
Fanchette.
Er schlägt gar zu stark!
Lambert.
Eins, Zwei, Drei, In der Se - con - de parirt!
Eins, Zwei,

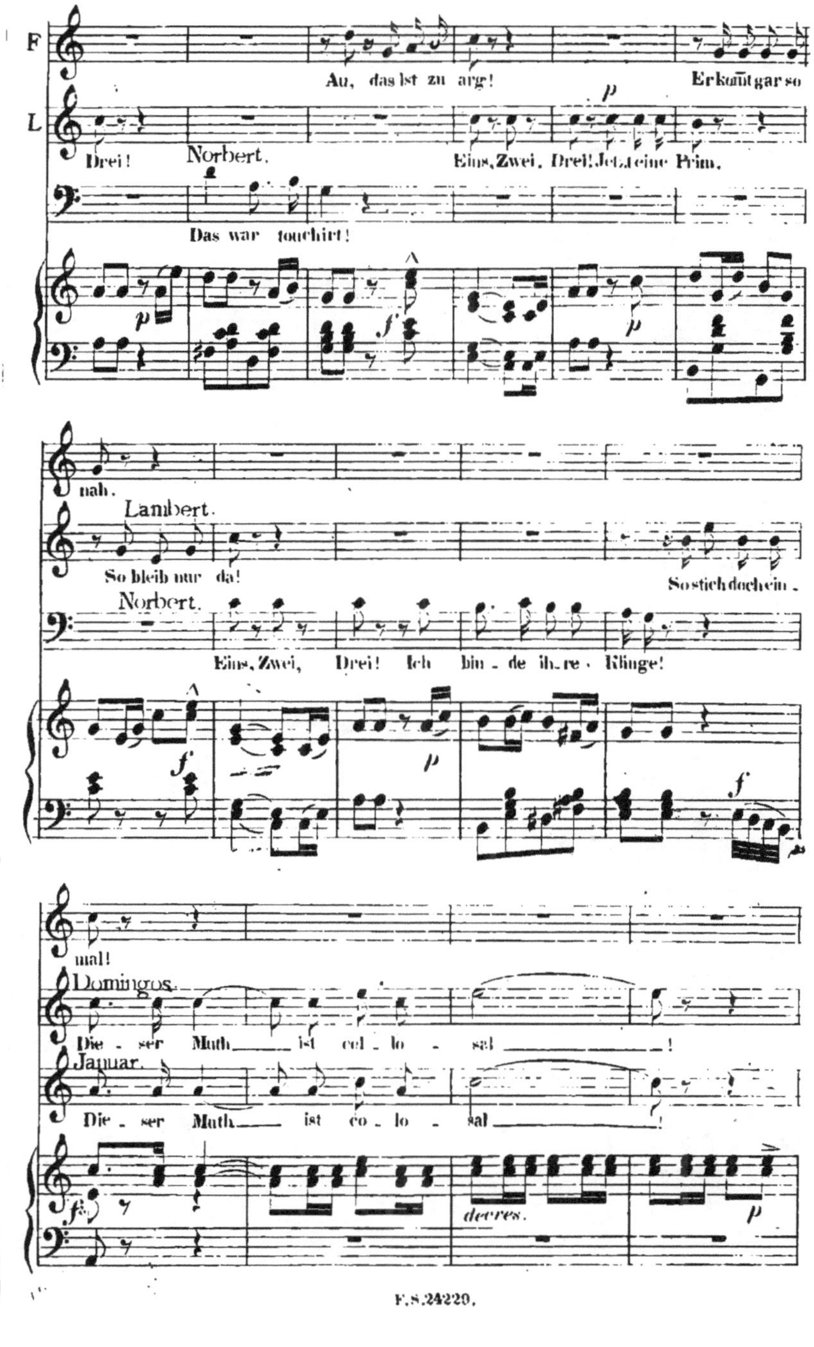

Fanchette.
Ich kenn' kei_ne Gnade! Na wart, na wart!
L
O_be_re Pa_ra_de! Die tie_fe Quart Nun fest die
Più mosso.
Jetzt
Terz! Die Terz!
Domingos.
Vor_wärts frisch auf, immer drauf!
Januario.
Vor_wärts frisch auf, immer drauf!
Più mosso.
f
mf
F
gehts, er wird schwach Jetzt hü_te Dich! Gleich
L
Nur stets ihm nach. So stich, so stich!
molto acceler.

(triumphirend.)
setzt en was
Der aus!
Oh_ne Ruh! Nur zu, nur zu!
Vor_trefflich!
Vor_trefflich!
Weh mir!
sf
sf
mf
Domingos.
Andante con moto.
Er ist ver_wun_det
Januario.
Er ist ver_wun_det
con doloree molto espressivo.
rallent.
p
Fanchette.
Der hat sein Theil!
Es fliesst sein Blut!
Es fliesst sein Blut!

F: Das macht'ich gut

Lambert.

L: Bei Gott, die Fin_te war char_

Allegretto giocoso.

L: mant! Domingos.

D: Er am_pu_tir_te ihm die Hand!

Allegretto giocoso.

Fanchette.

die_

zeigt hab' ich so _ e _ ben, was ich als Fechter kann: und wer da lieht sein

Le _ ben, nehm' ein E_xem_pel dran. Zum zwei _ ten Gan_ge

nun bin ich so-fort be _ reit! Noch Ei _ nen ab_zu_thun ist

jetzt mir Kleinig _ keit. Jed_we _ dem Ver_ lan_gen will Re _ de Ich

ste_hen: den gut ist's ge _ gan _ gen, nichts ist geschehn,

Fauchette.
nichts ist geschehn, Jed - we - dem Ver - langen will Re - de ich stehen, den
Lambert.
Jed - we - dem Ver - langen will Re - de er stehen, den
Domingos.
Jed - we - dem Ver - langen will Re - de er stehen, den
Januario.
Jed - we - dem Ver - langen will Re - de er stehen, den
Norbert.
Jed - we - dem Ver - langen will Re - de er stehen, den
gut ist's 'gan - gen, nichts ist geschehn, nichts ist geschehn, nichts ist geschehn, Ja
gut ist's 'gan - gen, nichts ist geschehn, nichts ist geschehn, nichts ist geschehn, Ja
gut ist's 'gan - gen, nichts ist geschehn, nichts ist geschehn, nichts ist geschehn, Ja
gut ist's 'gan - gen, nichts ist geschehn, nichts ist geschehn, nichts ist geschehn, Ja
gut ist's 'gan - gen, nichts ist geschehn, nichts ist geschehn, nichts ist geschehn, Ja

cres.
p
gut ists gan-gen, nichts ist g'schen, nichts, nichts, nichts, nichts, nichts, nichts, nichts,
gut ists gan-gen, nichts ist g'schen, nichts, nichts, nichts, nichts, nichts, nichts, nichts,
gut ists gan-gen, nichts ist g'schen, nichts, nichts, nichts, nichts, nichts, nichts, nichts,
gut ists gan-gen, nichts ist g'schen, nichts, nichts, nichts, nichts, nichts, nichts, nichts,
gut ists gan-gen, nichts ist g'schen, nichts, nichts, nichts, nichts, nichts, nichts, nichts,
pp
cres.
f
ff
nichts, nichts, nichts ist g'schen!
nichts, nichts, nichts ist g'schen!
nichts, nichts, nichts ist g'schen!
nichts, nichts, nichts ist g'schen!
nichts, nichts, nichts ist g'schen!

№ 15. Finale II.

Tempo di Menuetto.
Chor.
Tempo di Menuetto.
PIANO.
Die Cadeten mit den Sopranen.
Fanchette mit den I. Sopran.
Antonia mit den II. Sopran.
Ja ein Schachspiel wird das in der That
Domingos, Francesco m. d. I. Tenor.
Januario, Joaquino m. d. II. Tenor.
Norbert mit den I. Bass.
wie man's hier noch nie ge - se - hen hat; zu zuschauen, welch' Ver - gnü - gen!

Wie wird die Par_thie so in_tressant; Al_ler Au_gen war_ten schon gespannt.

L

decres.

wer wird sie_gen, wer er_lie_gen? Schon ziehn sie her_an, die

Bau_ern vor_an, die feind_li_chen Herr_scher_paa_re so_dann; die

Springer zu Zwei'n von beiden Partheïn, die Läufer, die Thürme hin _ ter _ drein!
molto cres.
p
mf
Wie wird die Par _ thi so in _ tressant, Al _ ler Au _ gen war _ ten schon gespannt,
ff
lento.
pp
f
wer wird siegen, wer er _ lie _ gen? Wer wird sie _ gen? Wer er _ lie _ gen?
decres.

Marcia moderato.

Marie.

Herr Admiral,   zum Kampf mit mir!

Lambert.

Ich bin bereit zum Tocnler.

Marcia moderato.

f

Moderato.   Marie.

Moderato.   Des Kö_nigs

pp

(commandirend)

Bau _ er geht: zwei Schritt   vor_an!   (Die bezeichnete Schachfigur macht

Lambert.

Hanstellt ent_

die Bewegung)

3

ge-gen sich der glei-che Mann. (Es geschicht)
Allgemeiner Chor.
Die Bau-ern, die zum Schutz vor-an sind ge
Allegro non troppo.
stellt, sie ziehn mit ke-ckem Trutz zu-erst in das Feld.
Allegro non troppo.

Marie.

Jetzt springet des Kö_nigs Rit_ter auf des Bret_tes drit_tes

Feld.

Lambert

Hier kommt schon der Da_me Rit_ter, der sich ihm ent_ge_gen

stellt.

Moderato.
Marie.
Noch ei_nen Bau_ern sen_de ich jetzt
zwei Schrit_te vor!
p
Lambert.
Mit dem ist es zu En_de, ge_o_pfert ist der
f
ff
Poco più moto.
Thor!
Der weis_se Bau_er litt den Tod als Held; des
Poco più moto.
f
p
ff
molto marcato.

Marie.

Mein Of-fi-zier zur schwarzen Gegners Hand hat ihn ge _ fällt _

Lambert.

Rechten vier Fel-der a _ van-cirt!

Mit _ dem mag ich nicht fechten, mein Bauer ma_növ_rirt!

Mein Bau-er soll zum De-cken ein Feld nach vorwärts gehn!

Lambert. *accelerando.*

Der Mei_ne packt den Kecken, es ist um ihn ge_schehn!

Chor und Solo.

Weh', schon fie_len zwei von der Par_thei!

Marie.

So werd' durch meinen Rit_ter dem Böse wicht sein Lohn!

Lambert.

Des andern Rit_ters Le_ben bedroht mein Läu_fer

Poco meno.

Marie.

schon!

Ich fürchte,

Chor.

Höte Dich, Köonighbald ist Dein Ritter hin!

Poco meno.

f

p

dass mein Spiel verloren geht!

Fanchette (vortretend)

O nein, der Sieg wird Euer Maje-

f

Marie.

Kaum kann ich daran glauben! Fanchette.

stät!

Wenn Majestät erlauben, ich führ' es selbst aus

Allegretto.
M
F
So, kennen Sie das Spiel?
Ziel.
Ja
und die ser Kö nig ist sehr
tr
Allegretto.
cres.
f
pp
sich das Blatt, bald biet' ich ihm Schach, bald biet' ich ihm Schach, u. er ist
in vier Zü gen matt!
ritard.
In vier Zü gen ist er matt!
Wär es wahr?
Alle.
colla parte.
p

Andante.

Fanchette.

Kühn erscheint das Wage-stück; doch dem Kühnen ist ja immer hold das Glück kühn erscheint dies

Marie.

Kühn erscheint sein Wage-stück; doch dem Kühnen ist ja immer hold das Glück kühn erscheint dies

Lambert, Domingos.

Kühn erscheint sein Wage-stück; doch dem Kühnen ist ja immer hold das Glück kühn erscheint dies

Januario.

Kühn erscheint sein Wage-stück; doch der Kühnen ist ja immer hold das Glück kühn erscheint dies

Cadetten *I u. II.* Antonia *mit Sopr. II.*

Kühn erscheint sein Wage-stück; doch dem Kühnen ist ja immer hold das Glück kühn erscheint dies

Francesco. Joaquino.

Kühn erscheint sein Wage-stück; doch der Kühnen ist ja immer hold das Glück kühn erscheint dies

Kühn erscheint sein Wage-stück, doch dem Kühnen ist ja immer hold das Glück kühn erscheint dies

Norbert *col Bass I.*

Andante.

Wa_gestück! Doch nur dem Kühnen, nur dem Kühnen ist ja immer hold das Glück!
Wa_gestück! Doch nur dem Kühnen, nur dem Kühnen ist ja immer hold das Glück!
Wa_gestück! Doch nur dem Kühnen, nur dem Kühnen ist ja immer hold das Glück!
Wa_gestück! Doch nur dem Kühnen, nur dem Kühnen ist ja immer hold das Glück!
Wa_gestück! Doch nur dem Kühnen, nur dem Kühnen ist ja immer hold das Glück!
Poco più.
Fanchette.
Erst brin_gen wir die Ma_je_stät in
Marie.
Was sol_len nun wir al_so thun?
Poco più.

Lambert.
Sicherheit; es wird ro_chirt, der Thurm dann schützend vor ihm steht. In_
dess mein Springer avan_cirt.
Alle.
O möcht' es ihm ge_lin_gen! Den Sieg zu er_rin_gen!
cres.
Allegro.
Fanchette.
Der weis_se Rit_ter
Allegro.
f

Marie.
nimmt am Schwarzen Ra - che! Dann ist ver - lo - ren auch die Kö - ni -
Fanchette.
gin! Sie fällt als O - pfer für die grosse Sa - che!
Lambert.
Ihr
wollt es so! Mein Läufer streckt sie hin.
Chor.
Schon sank die
Schon sank die Kö - ni - gin da -

Fanchette. f
Ja
Schon sank die Kö - ni - gin da - hin!
Kö - ni - gin, da ist kaum möglich mehr Ge - winn.
hin; wie ist mög - lich der Ge - winn?
Allegretto.
Doh mit dem Kö - nig steht es schwach, bald wendet sich das Blatt, bald biet' ich
Allegretto.
pp
tr
f
pp
ihm Schach, bald biet' ich ihm Schach und er ist in zwei
riten.

Zü _ gen matt! _ f _ In zwei Zü _ gen ist er matt!

Wär's wahr!

Tempo di Valse.

Lambert. Marie. Fanchette.

Wie? Ich matt? Wie? Er matt? Ganz si _ cher ist

Ist's Ernst o _ der Spass?

Tempo di Valse.

pp

cres. rallent.

das! Mein Läu _ fer nimmt wie ich's ver _ sprach den Bau _ ern Ihm und

cres. rallent.

fz a tempo.
bie - tet Schach!
Er bie-tet Schach, er bie-tet Schach, dem König Schach!
a tempo.
fz
ff
Lambert.
Der Kö - nig geht voll Ma - je - stät, nur einen Schritt zu thun er
mf
hat.
Fanchette.
Der Sieg ge - lingt
p
3
a piacere.
der Rit - ter springt und sagt dem Kö - nig Schach und
fz

Matt ! Ja, Schach und Matt!
Alle auf Marie.
Ist es möglich? Ist es möglich?
ff
f
p
Lambert (Das Spiel betrachtend)
Ja wirk-lich Schach und matt!
Fanchette.
Ach
Ja wirk-lich Schach und matt!
Chor.
pp

F.
oder
a tempo.
F
Hell der Sie - ge - rin un - ser
Kö - ni - gin! Wie Je - ne dort im Spiel gab sie sich selbst da - hin, zu
drin - gen an das Ziel! Nur sie ist Sie - ge - rin!
molto cres.

Heil _____ der Kö _ ni _ gin! Heil_____ der Sie _ ge _ rin!

Heil _____ der Kö _ ni _ gin! Heil_____ der Sie _ ge _ rin!

ff

Marie.

Sie al _ lein nur ist Sie _ ge _ rin, nur sie ist Sie _ ge _ rin! Da Ihr so char _

Sie al _ lein nur ist Sie _ ge _ rin, nur sie ist Sie _ ge _ rin!

p

mant _____ das Spiel für mich ge _ wann_____ so seid als Ad _ ju _

p

tant von mir da für er _ nannt! Sollt mich zu al_len Zel_ten beim

Reiten be _ gleiten, stets hübsch galant, seid bei der Hand als Ad_ju _ tant!

Animato.

Fanchette.

Jetzt soll ich gar __ beim Rei _ ten, die Kö _ ni _

Lambert.

Sie soll mit der Kö _ nl _ gin rei _ ten, soll sie ü _ ber_

Domingos.

Ha, er wird zu al _ len Zel _ ten uns_re Kö _ ni _

Januario.

Er wird mit der Kö _ ' _ gin rei _ ten, wird sie ü _ ber_

Animato.

gin be_glei_ten und zwar als Ad_ju_tant, das
all be_glei_ten und so_gar als Ad_ju_tant, das
gin be_glei_ten und so_gar als Ad_ju_tant, das
all be_glei_ten und so_gar als Ad_ju_tant, das
Marie.
Das ist cu_rios!
wird ge_nannt! Was ich auch
wird char_mant! Was wird dar_aus wenn sie als
wird ge_nannt!
ist char_mant!
Das ist cu_rios, der jun_ge Mann ihr
cresc.

F. S. 24229.

der jun-ge Mann sich durch das Spiel mein Herz ge-wann; mein Herz ge-

thu, ich bin kein Mann! Ach wie kann ich los, was fang ich

Mann jetzt rei - ten soll, wie fängt sie das wohl an? Wie fängt sie

Ist er ein Weib? Ist sie ein Mann? Er, die mein Herz im Sturm ge-

gan - zes Herz im Spiel ge-wann, ihr gan - zes Herz im Spiel, ge-

poco - a - poco

Con fuoco.
ff
wann! Er ___ nur brachts da_hin,
auf Heil ___ der Sie_ge_rin,
Heil ___ der Sie_ge_rin,
an? Wie fängt sie das an? Heil ___ der Sie_ge_rin,
Heil ___ der Sie_ge_rin,
wann, ist er Weib, ist sie Mann? Heil ___ der Sie_ge_rin,
wann ___ ! Heil ___ der Sie_ge_rin,
Con fuoco.
accelerando.
f
ff

das ich Sie-ge-rin! Ihm nur dank' ich al-lein, ihm

un-srer Kö-ni-gin! Sie al-lein ist die Sie-ge-

un-srer Kö-ni-gin! Sie al-lein ist die Sie-ge-

un-srer Kö-ni-gin! Sie al-lein ist die Sie-ge-

un-srer Kö-ni-gin! Sie al-lein ist die Sie-ge-

un-srer Kö-ni-gin! Sie al-lein ist die Sie-ge-

un-srer Kö-ni-gin! Sie al-lein ist die Sie-gedank al _ lein ich den Ge_winn, ja ihm nur dank ich es al _

rin drum Heil der Kö _ ni _ gin! Ja ru _ fet Heil, ja ru _ fet

rin drum Heil der Kö _ ni _ gin! Ja ru _ fet Heil, ja ru _ fet

rin drum Heil der Kö _ ni _ gin! Ja ru _ fet Heil, ja ru _ fet

rin drum Heil der Kö _ ni _ gin! Ja ru _ fet Heil, ja ru _ fet

rin drum Heil der Kö _ ni _ gin! Ja ru _ fet Heil, ja ru _ fet

rin drum Heil der Kö _ ni _ gin! Ja ru _ fet Heil, ja ru _ fet

lein ihm nur dank' ich den Sieg ganz al - lein, ihm nur dank' ich den
Heil laut er - tö - ne ein ju - beln - des Hoch für die Kö - ni - gin,
Heil laut er - tö - ne ein ju - beln - des Hoch für die Kö - ni - gin,
Heil laut er - tö - ne ein ju - beln - des Hoch für die Kö - ni - gin,
Heil laut er - tö - ne ein ju - beln - des Hoch für die Kö - ni - gin,
Heil laut er - tö - ne ein ju - beln - des Hoch für die Kö - ni - gin,
Heil laut er - tö - ne ein ju - beln - des Hoch für die Kö - ni - gin,
ff

Sieg ganz al - lein_____ ja_____

Sie - ge - rin, Heil_____ sei_____

Sie - ge - rin, brin - get ein Hoch der Kö - -

Sie - ge - rin, brin - get ein Hoch der Kö - -

Sie - ge - rin, brin - get ein Hoch der Kö - -

Sie - ge - rin, brin - get ein Hoch der Kö - -

Sie - ge - rin, brin - get ein Hoch der Kö - -

al - le|lu_____!

sel ihr_____!

ni - gin_____!

ni - gin_____!

ni - gin_____!

ni - gin_____!

ni - gin_____!

Ende des II. Acts.

III. ACT.

№ 16. Entreact Chor und Ensemble.

Allegretto.

PIANO.

(Fado.)
Chor.
Sopr.
Tenor.
Bass.
Wir Al_le sind da um zu klagen, wie sich dieser Mau_ri_tio be_tra_gen! Wie der's treibt, das ist gar nicht zu sa_gen! Wie der's treibt, das ist gar nicht zu
Wir Al_le sind da um zu kla_gen, wie sich die_ser Mau_ri_tio be_tra_gen! Wie der's treibt, das ist gar nicht zu sa_gen! Wie der's treibt, das ist gar nicht zu
Wir Al_le sind da um zu kla_gen, wie sich die_ser Mau_ri_tio be_tra_gen! s'Ist nicht zu sa_gen, nein, nein, nein, das ist gar nicht zu
f

sa_gen Dom Mau_ri_ti_o! Dom Mau_ri_ti_o ist

Fo_li_o! DomMau_ri_ti_o, DomMau_ri_ti_o is

Domingos.

Welch Ze_ter Mor_di_o! Was bringt in Wut

o!

rl - ti - o Dom Mau - ri - ti - o, die - ser Ü - ber - all und Nir - gendwo!

Domingos (spricht) Dom Mauritio, immer Dom Mauritio, dieser Bursche kehrt ganz Lissabon um und um! Solch ein Taugenichts ist mir noch nicht vorgekommen.

Domingos.

O welch' Scan - dal! O wel - che Schand! So treibts der

Kö - ni - gin Ad - ju - tant! Be - thört die Mäd - chen, verführt die

Frauen, verhöhnt die Gat - ten um droht zu hau - en selbst O - brig -
kei - ten, lumpt in Ta - ver - nen, zerschlägt die Ju - den und di - to La -
ter - nen! O die - ser Dom Mau - ri - ti - o —— Dom Mau -
ri - ti - o. Dom Mau - ri - ti - o ist ein Lump, ein Lump in
rit.
a tempo.
poco rallent.
a tempo
mf

Fo - li - o! Dom Mau - ri - ti - o, Dom Mau - ri - ti - o ist ein Lump in Fo - li -

Dom Mau - ri - ti - o, Dom Mau - ri - ti - o ist ein Lump in Fo - li -

o!

o!

№ 17. Sextett.

Allegro.
Marie.
Fanchette.
Antonia.
Lambert.
Domingos.
Januario.
Die Kö_ni_
Allegro.
PIANO.
f
p
Antonia.
Nur Fassung!
L
gin! Ich muss sie sehn! Hin zu ihr!
Domingos.
Was haben sie? Was ist ge_

Antonia.

Blei_ben Sie, sie ist schon hier!

schön?

(Marie, Fanchette, Januario treten auf.)

L'istesso tempo.

Marie.

Nur oh_ne Furcht___ und Ban_gen, es ist Nichts, wie sie sehn! Mein Pferd war durch_ge_gan_gen, dass Schlimm'res nicht ge_schehn, dank' ich nur Dom Man_

ri - ti - o:
Domingos.
Schon wie - der Dom Mau - ri - ti - o!
Allegretto.
Lambert.
Sie se - hen, Ma - je - stät, mich tief er -
pp
schüt - tert!
Marie.
Ja, mei - ne Ma - je - stät hat stark ge -
zit - tert, doch war mein Ad - ju - tant, schnell hülfreich bei der Hand!

a tempo.
M
F
A
L
D
J
Dank dem Himmel der's ge_wen_det, dass die Sa_che gut ge_en_det!
Dank dem Himmel der's ge_wen_det, dass die Sa_che gut ge_en_det!
p a tempo.
Wohl be_hal_ten, un_ver_letzt se_hen Sie mich wieder jetzt! Heisst es doch, dass
Wohl be_hal_ten, un_ver_letzt se_hen wir sie wieder jetzt! Heisst es doch, dass
mf
decres.

beim Mal - heur stets zu - gleich ein Glück auch wär. Dank dem Ge - schick
beim Mal - heur stets zu - gleich ein Glück auch wär. Dank dem Ge - schick
Dank dem Ge -
cres.
decres.
für die - ses Glück, dank dem Ge - schick!
für die - ses Glück, dank dem Ge - schick!
für die - ses Glück, dank dem Ge - schick!
für die - ses Glück, dank dem Ge - schick!
für die - ses Glück, dank dem Ge - schick!
schick für dies Glück, dank dem Ge - schick!
f
mf decres.

Marie.
Mein jun_ger Ret_ter war zur Stel _ le an mei _ ner Sei_te mit
Blit _ zes_schnelle.
Fanchette.
In mei_nen Ar _ men fing' ich sie
auf, trug sie zum Ra _ sen im schnellen Lauf!
Sie fing sie auf? Sie trug sie?
Sie fing sie auf? Sie trug sie?
Er fing sie auf? Er trug sie!
Er fing sie auf? Er trug sie!
F
A
L
D
J
p

Januario.

Ich wollte nach Paris per Extrapost sofort und ab in die Reise-
wagen passirt die Strasse dort, da musst' ich, o Schrecken die Gruppe ent-
deken, die Majestät besinnungs-los, der Adjutant in Ohnmacht
blos: ich schnell entschloss mich in meinen Wagen die süssen Lasten geschwind zu tragen:

rallent.

sagt man doch, dass beim Mal_heur stets ein Glück zu _ gleich auch wär!

rallent.

a tempo.

Antonia (leise zu Lambert.)

Nur Fas_sung nur Ruh!

Lambert (leise zu Antonia.)

Was sol _ len wir nun thun?

a tempo.

Domingos (für sich.)

Ganz deutlich sah ich's nun, sie flü_ster_ten sich zu!

f (zu Antonia, wüthend.)

_ Ma_dam' so kann's nicht wei_ter gehn, auf Scheidung werd' ich jetzt be _

f

Marie (zu Antonia)
Was sagt der Herr Mar _ quis?
stehn! Durch_schau_et hab' ich Sie!
fp
p
Antonia (mit Ironie)
Er sagt nur, dass beim Mal_heur, oft ein Glück zu _ gleich auch wär!
Domingos (hämisch.)
Ja, sonst wär's un _ glaub_lich fast, wie der trug solch' ei_ne Last!
Marie (beleidigt)
Ei, Herr Marquis, so zwei_feln Sie, dass Lie_be und Er _ ge_ben_heit dem

Jüngling Man _ nes _ kraft ver _ leiht? (zärtlich) Nicht wahr? Nicht

Fanchette.

Ja, so ist's, ge _ wiss!

wahr? Fanchette (für sich)

Ihr Blick ist liebent _ brannt! Das fehlte noch!

Domingos (für sich mit Schadenfreude)

Jetzt seh' ich klar: der Admi _ ral kommt auf den

Fanchette. (für sich)

Die Kö _ ni _ gin in mich verliebt! O weh wenn das kein Un _ glück giebt!

 rallent.

Sand! Wel _ che Freud, wenn beim Mal _ heur solch ein Glück zu _ gleich auch wär!

rallent.

Più lento.
Marie.
a tempo.
Mein
(mit Beziehung auf ihr Geschlecht)
F
Jetzt ständ's schlimm, wenn bein Mal_heur nicht ein Glück zu_gleich auch wär!
Più lento.
pp
M
Le_ben dank ich ihm al_lein, das soll mir un_vergess_lich sein!
f
p
Tempo I.
Dank dem Him_mel der's ge_wen_det, dass die Sa_che gut ge_en_det;
Tempo I.

wohl_be_hal_ten, un_ver_letzt, seh'n Sie All' mich wie - der
wohl_be_hal_ten, un_ver_letzt, seh'n wir All' sie wie - der
wohl_be_hal_ten, un_ver_letzt, seh'n wir All' sie wie - der
wohl_be_hal_ten, un_ver_letzt, seh'n wir All' sie wie - der
wohl_be_hal_ten, un_ver_letzt, seh'n wir All' sie wie - der
wohl_be_hal_ten, un_ver_letzt, seh'n wir All' sie wie - der
jetzt!
jetzt!
jetzt!
jetzt!
jetzt!
jetzt!

№ 18. Couplets.

Un poco moderato.

Herr A_dam hät_te nie ent_deckt,wie zu_cker_süss ein Ap_fel schmeckt,und seine
Der wei_se Kö_nig Sa_lo_mo, war zwar ein Herrscher,come il faut; doch dass stets

einz'ge kln_ge That ver_dankt' er nur der E_va Rath.
wei_se sprach sein Mund, das hat_te ganz be_son_dern Grund.

Zwei_fehd er frag_te: Was mag das sein?
drei_tau_send Wei_bern war er Ge_mahl,

Sie a_ber sag_te: frisch, beiss hin_ein! Ja
die ihm souf_flir_ten von Fall zu Fall: Ja

Dal segno al fine.

№ 19. Duett.

Za - gen und mit Ban - gen, Ja ich

L'istesso tempo.

, den hie her trieb ein glü hendes Ver - lan - gen; ich will zu

L'istesso tempo.

Füs - sen Dir - den Fre - vel büs - sen hier,

für mei - nen Wahn-sinn lass - mich Gna - de hier er -

Agitato.
Marie.
Welche Spra_che? Ist es Wahrheit? Hab' ich recht ge-
Fanchette.
flehn!
Agitato.
pp
hört? Kein Wort mehr, ge_hen Sie, blei_ben Sie
mf
stumm! Ich will's,_ Ich be_fehl' es!
Nimmermehr!
Ich_ die Kö_ni_gin,_ bit_te_ fle_he da_

rum! So spre - chen Sie! Was
Un - mög - lich
sag' ich, — nein ge - hen Sie! Ge - hen Sie!
Es kann nicht
sein, es kann nicht sein
(kaum hörbar.)
rallent.
Nein, nein, o nein, o nein! —
p
pp
rallent.

Andante.
Ja das Frauenherz al - lein!
Ach ein Frauenherz al - lein. al - lein weiss voll Nachsicht zu ver -
Andante.
fp
weiss voll Nach - sicht zu ver -
zeihn, zu ver -
Allegretto con fuoco.
zeihn!
zeihn!
Allegretto con fuoco.
ff

Del _ ner Schön _ heit Zauber _ glanz, be _ rauscht, be täubt, ver _ wirrt mich ganz; die

Gluth treibt zum äus _ ser _ sten mich _ reisst mich un _ auf halt _ sam

fort! Al _ les wa _ ge ich hoffentlich nimmt sie mich nicht beim Wort! Al _ les

(für sich)

breit.

colla parte

Marie.

Vermes _ se _ ner, be _

wa _ ge ich! Hoffentlich nimmt sie mich nicht beim Wort!

denk, zu wem dein Mund solche Spra_che führt! Ein Wink von mir_!

rallent. e decres. **Un poco meno.**

win_ke nicht sonst werd' ich ar_re_tirt. Was bis jetzt ich da

rallent. e decres.

drin_nen em_pfand, war Lie_be kaum zu nen_nen; erst seit_dem ich

Dich ge_kannt, lernt ich die Lie_be ken_nen. Was ich jetzt er_

Più moderato.
a piacere.
klä _ re, was ich Dir ge_klagt , hat mein Mund ich schwöre, noch keinem Weib ge_
c.l.
Più mosso.
pp
Die Stimme klingt so wun_der_bar ; ich glau_be
pp
sagt! Wenn Al_les sonst Co_mö_die war , dies Ei_ne
Più mosso.
pp
fast, sein Mund spricht wahr! Sie täu_schen sich!
ist ganz si_cher wahr! Nun denn, wohl_
f
acceler.
an, mir kommt es gar nicht da_rauf an, so_fort, vor Ih_nen tödt' ich mich!
f
fz acceler.
f colla voce.

(für sich)
(zum Publikum)
Hof_fent_lich nimmt sie mich nicht beim Wort. Sie schwigen? Jetzt muss sie
schrein. Wohlan!
(laut.)
Allegro.
Ha! Un_glück _ sel' _ ger hal_ten Sie ein! Ge_ben Sie her!
(für sich)
Nein, nimmer_mehr! Sie ist nicht ge _ la_den, thut keinen Schaden!
Molto agitato.

Fanchette.

Dir mein Blut, Dir mein Le_ben! Al_les will Ich Dir ge_ben!

Marie (für sich)

Nach_sicht, Mit_leid weckt in mir, sol_che Lei_den_schaft da_für.

Ei_ne Thrä_ne wei_he mir, wenn ich nicht mehr bin, da_für.

Mir zu Füs_sen

Ja ich will Dir zu Füs_sen auf dem

sich er_schliessen! er ist zum Tod für mich be_

Fleck mich erschiessen! Macht es Dir nur ein we_nig Freud, ist es mir See_lig_

ff
reit. Ach, nein o nein, o hal_ten Sie
(für sich)
keit! So soll es sein? Jetzt muss sie schrein!
quasi Recitativo ma vivace.
mf trem.
f
ein! Wenn Jemand kä_me! A _ ber nicht
Das wäre mir ganz einer_lei!
p
mir! Wenn auch, nein, nein es darf nicht
Du bist ja Kö_ni_gin, bist frei!

Tempo I.

sein! Weh er will, mir zu Füs_sen auf dem

Ja ich will, dir zu Füs_sen auf dem

Tempo I.

f

Più lento.

rall.

Fleck sich erschiessen, ist zum Tod für mich be reit, und mein Herz ver_zeiht!

rall.

Fleck mich erschiessen, macht es Dir ein we_nig Freud, mir ist's See_lig_keit!

Più lento.

rall.

ff

№ 20. Finale III.

Allegro moderato.
Marie.
Lambert.
Ja, er ist mein Ge-
Ma-ri - a!
Allegro moderato.
f
p
mahl!
Es le-be der Gross Admi-ral, hoch der Prinz Ge-mahl!
f

Allegretto.
Marie.
Ist Nichts! Ein Die_ner wohl!
Lambert.
Doch was giebts dort?
Nein,
Allegretto.
p
L
nein! Jetzt fällt uns ein, der Man_tel, das Pi_stol! Es gilt die
Marie (für sich)
Weh, Al_les da_
Si_cherheit der Kö_ni_gin, drum muss man gleich_
Tempo di Marcia, moderato.
G.P.
Lambert.
hin! (Fanchette in Frauenkleidern erscheint.)
Ein Mäd_chen
Tempo di Marcia. moderato.
f
G.P.
p

Fanchette.
ist's?
Mög' Eu_re Ma_je_stät ver_
Chor u. Soli
Wer mag das sein?
Wie kam sie dort hin_ein?
Lamb. spr. Fanchette.
zeihn,_ wenn ich mich dort hinein ver_irrt,_
ich war so angst_voll, so ver_
Marie.
Ih_ren Bruder?
wirrt,_ um meinen Bruder,_
Ja, Mauri_ti_o,_
für den ich Gnade wollt' er_
Lambert.
Ih_ren Bruder?
Domingos.
Ih_ren Bruder?

Domingos. Marie.

flehn, da er verbannt. Ganz recht ist ihmgeschehn; Wir be _ dau _ ern, a _ ber Gna _ de

Fanchette.

kön _ nen, _ dür _ fen wir ihm nicht ge _ wäh _ ren. Al _ so nicht? O das ist

Januario.

schade, dann muss mit mir zu _ rück er kehren. Nach Bra _ si _ li _ en, da gehn Sie nicht al _

deeres.

lein, ich werde _ wenns er _ laubt Ihr Beglei _ ter sein!

Dialog.

Allegretto.
Fanchette.

Um uns Al _ le glücklich an das Ziel zu brin _ gen, ward ich end_lich wie_der Weib, und das war schlau; nie_mand hier von uns braucht

zweifelnd mehr zu sin _ gen: Ou est la fem _ me? Wo steckt die

Tempo di marcia.

Marie u. Fanchette.

Frau? Wir ziehn in die Fer _ ne, doch wir denken ger _ ne wie sie/ich hier als

Antonia.

Janu_r. Er zieht in die Fer _ ne, doch wir denken ger _ ne wie sie/ich hier als
Wir ziehn

Lambert.

Domingus. Er zieht in die Fer _ ne, doch wir denken ger _ ne an den hübschen

Er zieht in die Fer _ ne, doch wir denken ger _ ne an den hübschen

Chor.

Er zieht in die Fer _ ne, doch wir denken ger _ ne an den hübschen

Er zieht in die Fer _ ne, doch wir denken ger _ ne an den hübschen

Tempo di marcia.

jun - ger Mann man - chen leich - ten Sieg, hier den
p
jun - ger Mann man - chen leich - ten Sieg, hier den Sieg, hi
jun - ger Mann man - chen leich - ten Sieg, hier den Sieg,
jun - ger Mann der hier man - chen Sieg, hier den
p
jun - ger Mann der hier man - chen Sieg, hier den Sieg,
jun - ger Mann der hier man - chen Sieg, hier den Sieg,
f
Sieg, hie den Sieg, hier den Sieg ge - wann, hier den Sieg, hier den Sieg, für den
Sieg, hier den Sieg, hier den Sieg, hier den Sieg ge - wann, hier den Sieg, hier den Sieg, für den
hier den Sieg, hier den Sieg, hier den Sieg ge - wann, hier den Sieg, hier den Sieg, für den
Sieg, hier den Sieg, hier den Sieg ge - wann, hier den Sieg, hier den Sieg, für den

Più mosso.

Sieg, hier den Sieg, manchen leichten Sieg ge — wann___!

Sieg, hier den Sieg, manchen leichten Sieg ge — wann___!

Sieg, hier den Sieg, manchen leichten Sieg ge — wann___!

Sieg, hier den Sieg, manchen leichten Sieg ge — wann___!

Sieg, hier den Sieg, manchen leichten Sieg ge — wann___!

Sieg, hier den Sieg, manchen leichten Sieg ge — wann___!

Più mosso.

Ende der Oper.